Fatevi le mappe vostre
con Google Maps V3

by
Antonio Taccetti

Google Maps (https://maps.google.it/) è un servizio di mappe geografiche che consente ricerca e visualizzazione di buona parte del globo.
Le mappe possono essere incorporate, senza difficoltà, in siti web.
Il metodo è standardizzato, semplice ed automatico con indicazioni stradali, rilievi, editazione di percorsi fra luoghi indicabili, traffico ecc.
Chi però vuole creare mappe personalizzate per:
Far creare dinamicamente il percorso per raggiungere la proria azienda da un punto qualsiasi dove può trovarsi un cliente;
Integrare indicatori esclusivi dei luoghi d'interesse con immagini o video caratteristici;
Sovrapporre immagini esplicative che zummano insieme elle mappe ecc.
deve conosce la tecnica di programmazione di queste rappresentazioni grafiche messe a disposizione da Google.
Il libro si rivolge a chi, pur senza conoscenze avanzate di HTML e javascript, desidera acquisire la tecnica necessaria per implementare mappe personalizzate con Google Maps.
In questa raccolta di script, annotazioni, appunti e descrizioni sono in lingua italiana
Il codice è stato controllato più volte, testato e funzionante.
Sulla scorta di questi script, sono state pubblicate in Internet pagine web per la piu varie esigenze di mappatura.
La presente pubblicazione contiene le opinioni dell'autore ed hanno lo scopo di fornire informazioni precise e accurate.
L'elaborazione dei testi, anche se curata con scrupolosa attenzione non potrà comportare specifiche responsabilità in capo all'autore e/o all'editore, per eventuali errori o inesattezze.
Il sito ufficiale del progetto Google Maps è:
https://developers.google.com/maps/documentation/javascript/
Codice sorgente descritto nel libro, aggiornamenti e revisioni sono scaricabili all'indirizzo Internet indicato alla fine dell'appendice.

Sommario

Cos'è una mappa

Le mappe geografiche sono rappresentazioni grafiche semplificate dello spazio.

Nelle mappe possono essere raffigurati molteplici elementi: laghi, fiumi, strade nelle diverse tipologie, città, boschi, confini fra le varie regioni (amministrativi, statali), eccetera.

Le mappe forniscono informazioni circa la posizione e l'aspetto degli elementi rappresentati.

La posizione di ciascun elemento consente di capire in che punto geografico si trova e in che relazione è con gli altri elementi rappresentati.

Nelle raffigurazioni di solito troviamo nome e tipo degli elementi (caratteristiche qualitative) e aree,

lu nghezze e distanze (caratteristiche quantitative).

Oltre a questi attributi, le mappe possono avere anche caratteristiche tecniche per utilizzi specifici.

Proprietà tecniche più diffuse sono Scala di riduzione e Latitudine/Longitudine.

- Scala di riduzione o più comunemente solo Scala, esprime il rapporto tra la distanza di due punti misurata sulla carta e la distanza corrispondente misurata sulla superficie terrestre.

  Nella Scala, il rapporto tra una lunghezza misurata sulla mappa e la corrispondente lunghezza reale, è espresso come divisione (1:N).

  Il numeratore (1) rappresenta l'unità e il divisore (N) la quantità di riduzione sulla mappa.

  Ad esempio, "scala 1:100000", significa che ad 1 cm sulla mappa corrispondono 100000 cm nella realtà, cioè 1 Km.

  La Scala si riferisce alle lunghezze e non alle aree. Volendo effettuare dei calcoli di aree, occorre considerare che le aree aumentano proporzionalmente al quadrato delle lunghezze.

- Latitudine/Longitudine.

  Latitudine è la distanza angolare dall'equatore.

  Longitudine è la distanza angolare da un arbitrario meridiano di riferimento.

  Il meridiano che funge da riferimento, è quello passante per l'osservatorio di Greenwich (Inghilterra). La sua longitudine è 0°.

  Conoscendo questi due valori è possibile individuare, in modo univoco, qualsiasi punto della superficie terracquea.

Google e le mappe di Goole Maps

Nel febbraio 2005 venne annunciato il servizio di mappe su Google Blog.

Google Maps è un servizio accessibile dal relativo sito web che consente la ricerca e la visualizzazione di mappe geografiche di buona parte della Terra.

Google Maps è un servizio al momento in modo gratuito (marzo 2014) ed è fruibile attraverso un collegamento web.

Questo testo si riferisce alla versione 3.x di Google Maps

Spostarsi fra e sulle mappe è semplice e intuitivo, è possibile anche scegliere tra varie modalità di visualizzazione del terreno.

Possono essere localizzati luoghi peculiari, es. monumenti, ristoranti, attività commerciali, luoghi d'interesse turistico ecc., visualizzare foto satellitari o immagini fotografiche nelle quali si possono distinguere oltre le strade con autoveicoli, anche case, giardini ecc.

Con Google Maps è anche possibile ottenere il percorso stradale tra due punti a scelta visualizzandolo sia sulla mappa che in modo testuale, fornendo distanza e tempo stimato di percorrenza in auto, con mezzi pubblici o camminando.

Il servizio è fruibile praticamente in ogni lingua esistente.

Oltre che in lettura consultazione, sempre gratuitamente è possibile utilizzare il servizio offerto da Goole Maps per inserire mappe su siti privati.

Questo servizio permette di creare il codice da inserire nel proprio sito web per mostrare i luoghi desiderati, offrendo un certo grado di personalizzazione.

Per avere una mappa con personalizzazione più spinta di quella offerta dei servizi automatici di Google, occorre scrivere del codice specifico.

Per farlo è necessaria una conoscenza minima di HTML, CSS, Javascript e un collegamento internet per tastare il lavoro fatto.

Di seguito, HTML, CSS, Javascript vengono tratteggiati in maniera essenziale per quanto riguarda il loro utilizzo nella costruzione delle mappe Google.

Le mappe Google vengono visualizzate in pagine web lette da browser.

Queste pagine possono avere diversi tipi di estensione, per semplicità saranno utilizzate pagine con estensione HTML, anche se pagine con estensione php, asp, ecc. vanno altrettanto bene.

Le pagine web

Le pagine web, anche quelle che contengono mappe di Google Maps, vengono visualizzate sul pc grazie ad un Browser (Chrome, FireFox, Explorer ecc.)

Questi file possono essere creati con un editor web tipo DreamWeaver e simili, ma anche con il blocco note di Windows e poi salvati come testo (estensione txt) modificando l'estensione.

Nel caso venga usato il blocco note agire cosi:

Fare click sul nome del file con il tasto destro del mouse e dalla tendina che si apre selezionare rinomina.

Potrebbe apparire un messaggio di avviso.

Il sistema ci informa che cambiare l'estensione potrebbe rendere il file inutilizzabile, ignorare e cambiare l'estensione.

Durante la lettura con i browser i file non sono modificabili, per questa ragione, se occorre modificarli fare click sull'icona con il tasto destro del mouse e dalla tendina che si apre selezionare Apri con... e scegliere il blocco note o altro file adatto (file con estensione exe che permetta l'editing).

Un ottimo software per realizzare pagine web, gratuito e italianizzato è BlueGriffon.

Il software è scaricabile qui http://bluegriffon.org/pages/Download

BlueGriffon è WYSIWYG.

L'acronimo WYSIWYG sta per l'inglese What You See Is What You Get ("quello che vedi è quello che è" o "ottieni quanto vedi").

Questo editor HTML permette di modificare pagine web non dal codice, bensì come da un normale programma di video scrittura (word processor).

BlueGriffon è un'applicazione intuitiva che fornisce agli autori Web (principianti e non) una semplice interfaccia utente che permette di creare siti web attraenti senza richiedere una vasta conoscenza tecnica su standard web.

HTML basilare per utilizzare mappe

In lingua inglese HTML è l'acronimo di Hyper Text Markup Language che può essere tradotto in italiano come "Linguaggio per contrassegnare Ipertesti".
Si tratta di un linguaggio di tipo statico utilizzato per la realizzazione dei contenuti di una pagina Web.
Utilizza dei tag per indicare a un browser come deve interpretare e visualizzare l'ipertesto.
HTML non ha meccanismi che consentono di prendere delle decisioni né possibilità di fare iterazioni come hanno per esempio Basic e Javascript.
Per questa ragione, HTML, non è un linguaggio di programmazione.
Pertanto una pagina HTML è un file che contiene elementi testuali che vogliamo visualizzare in un ben determinato modo.
Per fare questo, questi elementi vengono contrassegnati con dei "tag".
Per sommi capi la marcatura dell'HTML si occupa di:

- Definire lo sfondo da applicare alla pagina.
- Specificare tipo di carattere (Arial, Giramond ecc.)
- Indicare dimensione del testo, di solito espresso in pixel.
  - Pixel è la contrazione della locuzione inglese "picture element". Essa indica gli elementi puntiformi che compongono la rappresentazione di testo e immagini.
- Tipo di formattazione da applicare al testo (corsivo, grassetto ecc.)
- Definire liste e tabelle.
- Posizionare le immagini (solitamente in tabelle).
- Definire collegamenti ipertestuali.

Il W3C: Word Wide Web Consortium è l'organismo che si occupa di standardizzare la sintassi del linguaggio HTML.
I nomi dei file delle pagine web possono avere vari tipi di estensione in particolare HTML o HTM.

Tag

I tag cioè i marcatori devono essere scritti fra parentesi uncinate < >.
Tutto ciò che si trova fra < e > non sarà direttamente visibile agli utenti, ma marcherà in qualche modo il contenuto testuale al quale è stato abbinato.
La quasi totalità dei tag necessita di un'apertura ed una chiusura.
Questo serve a stabilire il punto del documento dove la marcatura inizia e dove finisce.
La chiusura viene segnalata con una barra rovesciata.
Per esempio <p> segnala l'inizio di un paragrafo e </p> la sua fine.
Altri tag non hanno necessità di chiusura, per esempio il tag <br> indica che in quel punto il testo deve andare a capo su nuova riga.
Un'istruzione particolare <!-- --> permette di inserire dei commenti nelle pagine web.
Questi commenti che saranno ignorati dal browser, possono essere usati per inserire appunti (es. modifica del paragrafo in data ...).
Ecco un esempio.
<!-- testo inserito come commento -->

CSS essenziale per google maps

CSS è l'acronimo di Cascading Style Sheets, in italiano Fogli Stile a Cascata.
Sono uno strumento di formattazione delle pagine web.
Per certi versi possono essere considerati un'evoluzione del HTML.
Consentono di personalizzare l'aspetto della pagina web agendo sui tag HTML stessi, oppure anche ignorandoli del tutto.
I CSS sono definiti a cascata perché ogni elemento stilistico può essere ridefinito più volte e l'ultima definizione ha la priorità sulle precedenti.
Con i CSS è possibile definire e manipolare caratteri di testo, colori, margini, immagini e molto altro.
I CSS, per il loro uso, possono essere definiti in tre modi diversi:

1. Direttamente all'interno del tag HTML
2. Fra i tag <style> </style> nella pagina
3. Con un foglio di stile esterno collegato alla pagina.

Per il punto 1,
considerando che i tag HTML <p></p> definiscono un paragrafo di testo, scrivendo
<p style="background-color: red;">Testo del paragrafo</p>
Lo sfondo del paragrafo sarà rosso.
Con altri comandi è possibile definire anche le dimensioni di un paragrafo, per esempio:
<p style="background-color:red;width:640px; height:480px;">Testo del paragrafo</p>
Il paragrafo, oltre ad avere lo sfondo rosso avrà larghezza (width) di 640pixel e altezza (height) di 480 pixel.
Oltre alla manipolazione dei tag HTML è possibile definire dei blocchi contenitori, <div>, assegnare loro un id (IndiceUnicoPerPagina) ed utilizzarli come contenitori di testo immagini ed anche delle mappe google.
Per esempio il codice seguente definisce un contenitore div con id="Map_Canvas" di 640x480 pixel.
<div id="Map_Canvas" style="width:640px; height:480px;" ></div>
Per il punto 2,
la definizione del contenitore della mappa può essere fatta anche fra i tag <head></head> con i tag
<style> </style> e poi impostare il div all'interno del blocco <body></body>
Il codice seguente definisce lo stesso contenitore div con id="Map_Canvas" di 640x480 pixel utilizzando il secondo metodo.
<head>
<style type="text/css">#Map_Canvas{width:640px; height:480px;}</style>
</head>
<body>
<div id="Map_Canvas"></div>
</body>
Il punto 3, può essere ugualmente utilizzato, ma esula dallo stretto argomento delle mappe.

Accenni di Javascript per redigere mappe

Javascript è un linguaggio di programmazione client-side per pagine web.
Ovvero viene eseguito nel browser (Explorer, Chrome ecc.) in locale anche se si è connessi ad Internet.
Questo linguaggio di programmazione, inserito in documenti HTML, consente di aggiungerne funzionalità.
Mentre HTML dà istruzioni al browser su come visualizzare testi, elenchi, bottoni e su come costituire collegamenti ipertestuali, Javascript consente di aggiungere contenuti dinamici ed interattivi.
Il codice Javascript, supportato da tutti i browser, (nei quali può però essere anche disattivato), funziona grazie a un interprete integrato in questi.
L'interprete decifra ogni linea javascript e la converte in codice.
Alla richiesta di una pagina Web, il browser trova la pagina e la legge dall'inizio alla fine, quindi visualizza i risultati del codice HTML e contemporaneamente esegue le dichiarazioni JavaScript.
Con Javascript è possibile, fra l'altro:

- Cambiare dinamicamente l'aspetto di una pagina.
- Creare animazioni
- Controllare il contenuto nei campi dei moduli prima dell'invio.
- Gestire gli eventi. Essi sono il mezzo utilizzato per segnalare il verificarsi di una determinata situazione (es. evento click del mouse, su di un pulsante o una mappa).

Il codice javascript deve essere incluso fra i tag specifici <script> </script> altrimenti il browser lo interpreta come puro testo e quindi non lo esegue ma lo visualizza nel browser.
I blocchi di codice javascript possono essere anche più di uno.
Possono trovasi fra i tag <head></head> o fra i tag <body></body> ma non a cavallo fra essi.
Il linguaggio javascript dispone, fra le altre cose di variabili e funzioni.
var MiaVariabile = 5; è dichiarata una variabile con nome MiaVariabile che contiene il valore numerico 5
oppure
var NomeLuogo = "Firenze"; è dichiarata una variabile con nome NomeLuogo che contiene il testo Firenze ed è denominata di tipo stringa.
Esempio di funzione il cui nome è: initialize():
function initialize()
{........ codice da elaborare}
Una funzione è un blocco di codice contenete istruzioni che compiono una determinata operazione.
Per eseguire il codice contenuto in una funzione occorre scriverne il nome, ad es.
initialize();
chiama la funzione initialize() mandando in esecuzione il codice contenuto in essa.
Le funzioni possono essere richiamate da molteplici punti del programma, evitando il dover scrivere più volte lo stesso codice (contenuto nella funzione).
Nella chiamata di funzione possono esserle passati dei valori da elaborare.
A elaborazione terminata le funzioni possono restituire dei valori.

Javascript, oggetti, proprietà, metodi ed eventi

Un oggetto può essere considerato il componente di un'applicazione, ad esempio i pulsanti o la mappa.

Gli oggetti dispongono di proprietà, metodi ed eventi.

1. Proprietà, possono essere definite come attributi di un oggetto.
2. Metodi, possono essere definiti come azioni.
3. Eventi, come risposte a queste azioni

Per esempio, un oggetto di uso quotidiano come un'auto, dispone di proprietà, metodi ed eventi.

1. Proprietà di un'auto, lunghezza, colore, cilindrata.
2. Metodi sono le azioni eseguibili, es. aggiungere carburante, gonfiare le gomme.
3. Eventi possono essere la foratura o la collisione.

Considerando un pulsante su di una pagina web:

1. Proprietà, sono la sua larghezza altezza e colore.
2. Metodo, quando un pulsante prende lo stato di attivo.

   Per esempio avendo tre pulsanti uno solo di essi può essere attivo, cioè ricevere l'impulso premendo il comando invio sulla tastiera.
3. Evento, si verifica quando un utente,con il mouse, fa click sul pulsante.

Gestire un evento vuol dire collegare a esso una funzione in modo che questa venga eseguita quando e se quel determinato evento dovesse verificarsi.

Gli eventi, in JavaScript, vengono sempre generati da un oggetto, quindi sarà sufficiente inserire un ulteriore parametro nel tag di definizione dell'oggetto in questione.

Nella visualizzazione di mappe, importante è l'evento onload che si verifica quando è stato caricato un oggetto.

Il comando onload è spesso utilizzato all'interno del tag <body> per eseguire una funzione quando la pagina web è stata caricata completamente.

Volendo lanciare la funzione initialize() vista in precedenza, assume questa sintassi:

<body onload="initialize()">

Un altro modo di scrivere lo stesso comando è:

google.maps.event.addDomListener(window, 'load', initialize);

da inserire all'interno del blocco <script></script> che contiene la funzione initialize(), subito prima del tag </script>

Per quanto riguarda gli eventi strettamente legati alle mappe e agli oggetti che servono a personalizzarle, consultare l'appendice.

La prima mappa con Google Maps

Ricapitolando quanto scritto in precedenza, le mappe di Google maps sono utilizzabili da pagine web.
Una pagina web è un file di testo con estensione html (può essere anche htm, php, ecc.)
Questa è una struttura minimale di una pagina web in HTML.

```
<!DOCTYPE HTML>
<head>
<title>titolo</title>
</head>
<body>
</body>
</html>
```

Le parole racchiuse fra < ... > sono dei marcatori di blocchi e la barra / definisce la fine di un blocco.

- < !DOCTYPE HTML> definisce il contenuto della pagina come tipo di marcatori di testo.
- <html> e </html> definiscono l'inizio e la fine di html nella pagina web.
  Tutto ciò che sarà posto all'interno di questo elemento e fino al relativo tag di chiusura sarà inteso come struttura di un documento in html.
- <head> e </head> Intestazione, del documento.
  In questa sezione trovano posto tutti quei tag che impartiscono direttive al browser quali: titolo, richiami ai fogli di stile, molti script, eccetera.
  Tutto ciò che si trova all'interno di questo blocco non viene visualizzato nella pagina ma interpretato dal browser.
- <title>titolo</title> Contiene il titolo della pagina e che viene visualizzato nel browser.
- <body> e </body>Corpo del documento, è in questa sezione che devono essere inseriti testo, immagini, link ecc.
  Naturalmente anche le mappe di Google Maps.

Per inserire una mappa nelle proprie pagine web non è necessario chiedere autorizzazioni o permessi, l'unica cosa da fare è inserire il seguente comando all'inizio della pagina web internamente del blocco <head></head>
che si collega alle API di Google Maps:
<script type="text/javascript"
src="http://maps.google.com/maps/api/js?sensor=false"></script>.

Descrizione del codice:
- Il comando Sensor è l'unico parametro obbligatorio ed è di tipo boolean.
  Oltre che sensor=false che può anche essere sensor=true
  Se settato a true (vero) l'applicazione restituirà la posizione del dispositivo (il pc ma anche un tablet o un telefono cellulare .)
- Un altro parametro possibile, ma facoltativo, è language.
  Di tipo stringa permette di scegliere in che lingua saranno testi, messaggi e percorsi della mappa.
  Per default è impostato su inglese.
  Per settare la lingua italiana la sintassi del comando è:
  <script type="text/javascript"

src="http://maps.google.com/maps/api/js?sensor=false&language=it"></script>
I codici delle nazioni sono quegli standard reperibili un po' dappertutto.

- Oltre a language, è possibile anche utilizzare il parametro region, di tipo stringa. Permette di limitare i risultati del geocoder a un determinato stato. Di default è impostato sugli Stati Uniti d'America.
- libraries=weather per le previsioni del tempo

Creazione della mappa

(esempio-001.html)

Per la creazione di una mappa, oltre al collegamento alle API di google, occorrono obbligatoriamente altre quattro imposizioni con i relativi parametri.
Di questi, quegli ai punti da 1 a 4 compresi sono normalmente inseriti all'interno del blocco <head></head> dopo la chiamata alle API di Google, il numero 5 nel blocco </body></body>

1. Coordinate del centro della mappa espresse in latitudine e longitudine.
2. Livello di zoom con il quale mostrare la mappa.
3. Tipo di mappa da mostrare (satellitare, ibrida ecc.)
4. Comandi css che definiscono le dimensioni del contenitore della mappa.
5. Un elemento css dove inserire la mappa per poterla visualizzare sui monitor.

Come ottenere le coordinate Google di un luogo geografico.

A. **Centro della mappa**. Per ottenere le coordinate Google di un qualsiasi luogo geografico.
   a. Andare alla pagina web https://maps.google.it/ o sulla voce maps a http://www.google.it/
   b. Nella casella di ricerca digitare l'indirizzo che interessa o se il luogo non ha un indirizzo, digitare l'indirizzo del luogo più vicino.
   c. Una volta apparsa la mappa, fare zoom in modo che rimanga visibile il punto che interessa (non importa che sia al centro della mappa).
   d. Raggiungere il livello di zoom opportuno a ben individuare il punto geografico desiderato.
   e. In quel punto fare click con il pulsante destro del mouse.
   f. Dalla tendina che si apre selezionare la voce "che cosa c'è qui?"
   g. In quel punto sarà mostrata una freccia verde rivolta verso il basso.
   h. Passare il mouse sulla freccia, saranno mostrate le coordinate, le stesse coordinate dovrebbero essere visibili anche nella casella di ricerca.
B. **zoom:** Un numero da 0 a 21 che imposta il livello di zoom iniziale della mappa
C. **mapTypeId:** Tipo si mappa. Con uno ed uno solo dei seguenti parametri
   a. ROADMAP: Vie e piazze come linee con loro nomi.
   b. SATELLITE: Immagini satellitari.
   c. HIBRYD: Immagini satellitari corredate dalle indicazioni stradali.
   d. TERRAIN: Mappa con caratteristiche fisiche come il terreno e la vegetazione.
D. **Comandi css:** <style type="text/css"># Map_Canvas{width:640px; height:480px;}</style>
   a. <style type="text/css": Tag di apertura dei comandi.
   b. # Map_Canvas: nome dell'elemento che conterrà la mappa.
   c. {width:640px; height:480px;}: larghezza e altezza della mappa.

d. </style>: Tag di chiusura dei comandi.
E. **Elemento css:** <div id=" Map_Canvas "> [qui apparirà la mappa] </div>
Il contenitore della mappa dichiarato al punto 5, la mappa verrà inserita al suo interno.

Metodo alternativo per ottenere le coordinate

Un altro metodo per ottenere le coordinate consiste nel cercare un indirizzo tramite Google Maps.

Una volta trovato, fare click sul pulsante Link (in alto a sinistra) e poi copiare nel blocco note di windows il codice HTML fornito da Google.

Tecnicamente si tratta di un iframe e dovrebbe assomigliare a qualcosa di simile:
<iframe width="425" height="350" frameborder="0" scrolling="no" marginheight="0" marginwidth="0"
src="https://maps.google.it/maps?q=malmantile&ie=UTF8&hq=&hnear=Malm antile,+Firenze,+Toscana&ll=43.747847,11.072209&spn=0.026785,0.066047&t=m &z=14&output=embed"></iframe>

All'interno dell'attributo src si può notare ll=43.747847,11.072209, queste sono le coordinate del luogo.

Codice della pagina web contenente la mappa e relativi commenti:

```
A   <html>
B   <head>
C   <title>titolo mappa</title>
D   <style type="text/css"># Map_Canvas{width:640px; height:480px;}</style>
E   <script type="text/javascript"
    src="http://maps.google.com/maps/api/js?sensor=false&language=it"></script>
F   <script>
G   function initialize(){
H   var CentroMappa = new google.maps.LatLng(43.768816,11.254558);
I   OggettoProprieta = {
    zoom: 16,
    center: CentroMappa,
    mapTypeId: google.maps.MapTypeId.HIBRYD
    };
J   var map = new google.maps.Map(document.getElementById('Map_Canvas'),
    OggettoProprieta);}
K   </script>
L   </head>
M   <body onload="initialize()">
N   <div id=" Map_Canvas "></div>
O   </body>
P   </html>
```

Linguaggio usato e descrizione del codice

A   (HTML) Inizio pagina web.
B   (HTML) Apertura della parte head della pagina web.
C   (HTML) Titolo della pagina web.
D   (CSS) Comandi che definiscono nome e dimensioni del contenitore della mappa.
E   (Javascript) Collegamento alla API di Google.
F   (Javascript) Apertura di un blocco javascript.
G   (Javascript) Inizio della funzione, con nome initialize() che inizializza la mappa.
H   (Javascript) crea oggetto LatLng che conterrà le coordinate di un determinato punto sulla mappa.
I   (Javascript) Dichiara il livello di zoom.
    Inserisce come centro mappa le coordinate latlng dichiarate al punto H.
    Indica il tipo di mappa utilizzato
J   (Javascript) Costruisce e inserisce la mappa nell'oggetto map con i parametri OggettoProprieta.
K   (Javascript) Chiusura del blocco javascript.
L   (HTML) Chiusura della parte head della pagina web.
M   (HTML-Javascript) Apertura del blocco body della pagina web e chiamata della funzione initialize()
    Questa funzione verrà eseguita ad ogni caricamento della pagina.
N   (CSS) Contenitore della mappa.
O   (HTML) Chiusura del blocco body della pagina web.
P   (HTML) Fine pagina web.

Al punto I, usando javascript, è creato un oggetto letterale da utilizzare nella creazione di una mappa.
L'uso di oggetti letterali è un modo semplice e veloce per creare oggetti javascript.
In alcuni testi è menzionato come JSON, (acronimo di JavaScript Object Notation).
Esempio generico di oggetto letterale in javascript:
var MioOggetto = {
id: '1',
name: 'QualunqueCosa'
};
alert(MioOggetto.name); // messaggio di avviso di qualunque cosa
(indispensabile la virgola per dividere fra loro gli attributi)
La mappa creata e posta a video ha i controlli predefiniti quali zoom, tipologia di visualizzazione (stradale oppure satellite).
Questa struttura di codice sarà mantenuta, per quanto possibile, in tutti gli esempi successivi.
Per ogni nuovo esempio sarà quindi necessario cambiare solo lo spezzone di codice pertinente all'esempio di volta in volta esposto.

```
<!DOCTYPE HTML>
<html>
<head>
<meta http-equiv="Content-Type" content="text/html; charset=utf-8">
<title>esempio-001</title>
<style type="text/css">#Map_Canvas{width:640px; height:480px;}</style>
```

```
<script type="text/javascript"
src="http://maps.google.com/maps/api/js?sensor=false&language=it"></script>
<script>
function initialize()
{
var CentroMappa = new google.maps.LatLng(43.768816,11.254558);
// Creazione di un oggetto letterale che contiene le proprietà che vogliamo passare alla mappa
var OggettoProprieta = {
zoom: 16,
center: CentroMappa,
mapTypeId: google.maps.MapTypeId.HYBRID
};
// Chiama il costruttore della mappa
var map = new google.maps.Map(document.getElementById('Map_Canvas'),
OggettoProprieta);
}
</script>
</head>
<body onLoad="initialize()">
<div id="Map_Canvas"></div>
</body>
</html>
```

esempio-001.html

Overlays in italiano Sovrapposizioni

Gli overlays sono oggetti sulla mappa legati alle coordinate di latitudine e longitudine.
Gli overlays, quando la mappa viene trascinata si muovono con essa, ma quando viene fatto lo zoom alcuni di questi overlays si riducono o ingrandiscono seguendo le dimensioni dello zoom altri rimangono sempre delle stesse dimensioni.
Con questi overlays possono essere disegnati punti, linee, aree o insiemi di oggetti.
Le API di Google Maps hanno diversi tipi di sovrapposizioni che possono essere aggiunti a livello di codice.

- Marker: sono il modo utilizzato nelle mappe per individuare un punto su una mappa.
- InfoWindow: oggetto che fornisce delle informazioni su un luogo, in genere associato a un marker
- Polyline: linee sulla mappa
- Polygons: poligoni di forma arbitraria che delimitano n'area chiusa
- Circles:ceschi
- Rectangles: rettangoli
- SymbolPath: simboli predefiniti che consentendo di personalizzare gli aspetti visivi dei simboli
- GroundOverlay: immagine rettangolare sovrastante la mappa.
- OverviewMapControl: mini mappa per riquadro in angolo in basso a destra della mappa

Marker

(esempio-002-marker)

Marcatori, o in inglese Marker, sono il modo utilizzato nelle mappe Google per identificare una località su una mappa utilizzando un'icona di default.
Se non si ha già familiarità con l'oggetto mappa, è necessario leggere prima i precedenti capitoli.

Inserire un Marker su di una mappa è un'operazione semplice, l'unica cosa indispensabile sono le coordinate del punto dove mostrarlo.

Ogni mappa ha un centro, e l'area visibile è determinata da due fattori:

- larghezza (width) e altezza (height) del contenitore, negli esempi:
  `<style type="text/css">#Map_Canvas{width:640px; height:480px;}</style>`
  `<div id="Map_Canvas"></div>`

- Dal livello di zoom. A valore più basso è visibile un'area più grande ma con meno dettagli.

Il punto dove far comparire il marker è generalmente posto nell'area visibile, ma se per qualche ragione o errore nei parametri inseriti è al di fuori, il marker è comunque posto sulla mappa e scorrendola è possibile vederlo.
Sulla stessa mappa, i marker possono essere anche più di uno; è buona norma assegnare loro nomi diversi.
I marker possono intercettare agli eventi che li riguardano, in particolare al click del mouse.

Questi tre frammenti di codice aprono ognuno un marker utilizzando metodi leggermente diversi fra loro.

- var marker01 = new google.maps.Marker({
  position: new google.maps.LatLng(43.769637,11.255566),
  map: map
  });

- var Firenze = new google.maps.LatLng(43.767983,11.253175);
  var marker02 = new google.maps.Marker({
  position: Firenze,
  map: map
  });

- var marker03=new google.maps.Marker({
  position:new google.maps.LatLng(43.768669,11.255663),
  });
  marker03.setMap(map);

Indispensabile è specificare la mappa su cui aggiungere il marker.
Se non viene fatto, il marker è creato, ma non è visualizzato sulla mappa.
Questo marcatore può essere aggiunto successivamente chiamando il metodo setMap().
Per rimuovere un/i marcatori occorre chiamare il metodo setMap() passando null come argomento.
I marker hanno diverse proprietà e metodi, rispondono ad eventi. Il più usato fra questi è il click che di solito permette di aprire una infowindow.

Marker personalizzati

(esempio-003-marker-personalizzati)

I marker possono essere personalizzati con immagini proprie, etichette personalizzate, eccetera.
Per farlo è sufficiente inserire i parametri nel costruttore del marker.

Marker con tooltip

Di uso comune è un'etichetta, con sintetica descrizione, visualizzata quando un utente passa sul marker con la freccia del mouse.
Il codice per mostrarla è: title: "Nome etichetta"
Se per una qualsiasi ragione si vuole inserire l'etichetta ma non deve comparire, ad esempio prima che l'utente abbia fatto qualcosa, il codice è: clickable: false

Marker con immagine personalizzata

E volte potrebbe essere necessario un marker con immagine diversa da quella predefinita, in questo caso occorre assegnare alla proprietà icon il percorso dove l'immagine si trova (assoluto o relativo).
icon: 'http://Percorso/files/immagine.png'
Di solito si tratta di un'immagine png per la sua caratteristica di avere parti trasparenti.
A questo indirizzo è possibile reperire una collezione di immagini piuttosto interessanti:
https://code.google.com/p/google-maps-icons/downloads/list

Marker, priorità di visualizzazione

Può accadere che molti marker vengano a trovarsi in una piccola area sovrapponendosi fra loro. Un esempio è quando l'utente fa uno zoom sulla mappa.
Se è necessario che alcuni abbiano priorità di visualizzazione su altri,cioè siano posti in sovrapposizione agli altri, è necessario assegnare la proprietà zIndex ai marker.
Inserendo zIndex: 1, zIndex: 2, zIndex: 3 e così per altri marker viene stabilita la precedenza di visualizzazione fra loro.

Marker, animazioni

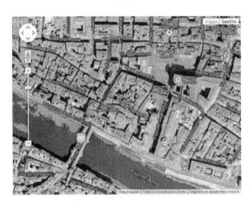

Se si vuole che il marker cada nella mappa facendo un piccolo rimbalzo prima di fermarsi nella sua posizione, usare la proprietà
animation: google.maps.Animation.DROP
Se invece il marker deve rimbalzare usare la proprietà
animation: google.maps.Animation.BOUNCE
In questo caso il rimbalzo continuerà all'infinito.
Per fermarlo occorre impostare un gestore di eventi che permetta di farlo.

```
var marker02 = new google.maps.Marker({
position: Firenze,
title: 'Ponte Vecchio', // eticheta// clickable: false,
icon: 'bridge.png', // immagine personalizzata
zIndex: 1, // priorità di visualizzazioni su altri marker
draggable: true, // spostabile con il mouse
animation: google.maps.Animation.DROP, // arriva rimabalzando// animation:
google.maps.Animation.BOUNCE, // rimbalza all'infinito impostare gestore per end
map: map // specifica la mappa su cui aggiungere il marker
});
```

InfoWindow

(esempio-004-infowindows)

Nella terminologia Google Maps, una InfoWindow è un oggetto che fornisce delle informazioni su un luogo, in genere associato ad un marker.

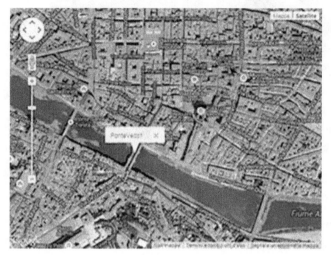

L'associazione al marker non è obbligatoria, InfoWindow può indicare qualsiasi oggetto o punto delle coordinate sulla mappa.
Una InfoWindow assomiglia a una nuvoletta dei fumetti flottante sulla mappa, al suo interno ha del contenuto e una base situata su un uno stelo conico leggermente obliquo.
La punta inferiore dello stelo è in una posizione specificata sulla mappa. (quello delle coordinate che le vengono passate).
Per default, in alto a destra, ha una x dove l'utente può fare click per chiudere l'InfoWindow.

Tecnicamente InfoWindow è un <div> css ed accetta per contenuti : html, testo,immagini e video ecc.
Nella sua forma più semplice una InfoWindow viene dichiarata e visualizzata in questo modo:

```
var PonteVecchio = new google.maps.LatLng(43.767983,11.253175); //posizione della InfoWindow
var infowindow = new google.maps.InfoWindow({
position: PonteVecchio,
content: 'Ponte Vecchio'// messaggio nella InfoWindow
});
infowindow.open(map) // apre la InfoWindow
```

Come per i marker, il punto dove far comparire InfoWindow è generalmente posto nell'area visibile, ma se per qualche ragione o errore nei parametri inseriti è al di fuori, Infowindow è comunque posta sulla mappa e scorrendola è possibile vederla.
Sulla stessa mappa, le InfoWindow possono essere anche più di una.

InfoWindow personalizzate

(esempio-005-InfoWindow-personalizzate)

Come esposto nel capitolo precedente, InfoWindow accetta come contenuti html, testo, immagini e video ecc.
Negli esempi che seguono vengono descritte tre InfoWindow.
Sono mostrate su di una mappa di 640 x 480 pixel dove all'avvio sono tutte visibili.
1. Con immagine e testo. (Ponte Vecchio in Firenze)
2. Con video da You Tube (Piazza S.Croce in Firenze e Calcio storico)
3. Doppia, dove per mezzo di due Button l'utente può spostarsi fra loro.
   La prima contiene un'immagine di Piazza Signoria, la seconda descrizione e link ipertestuale.

Le tecniche utilizzate per le tre InfoWindow sono "combinabili" fra loro.
Vengono mostrate separatamente allo scopo di rendere il più semplice possibile comprenderne la tecnica.
Per la Infowindow doppia sono necessari un minimo di CSS e javascript che sono debitamente commentati.

InfoWindow con immagine e testo

Questa InfoWindow contiene due div affiancati.
Il primo conterrà un'immagine e il secondo del testo esplicativo di questa.
Il primo div ha il comando: style='float: left;padding-right: 5px;'
- style= indica che quello che segue sono dei comandi stile dei CSS.
- float: left; vuol dire che l'elemento sta nella parte sinistra del box che lo contiene.
- padding-right: 5 pixel; vuol dire che l'elemento alla sua destra sarà distante 5px.

Il secondo div ha il comando: style='float: left;text-align: top;'
- float: left; vuol dire che l'elemento sta nella parte sinistra del box che lo contiene. In questo caso essendoci già un div, si affianca a questo, (a 5 pixel di distanza come da comando precedente).
- left;text-align: top; vuol dire che che il testo sarà allineato in alto

Dichiarare la variabile Contenuto_InfoWindow_PonteVecchio ed a questa assegnati i div con i rispettivi contenuti, nel primo l'immagine comprensiva del percorso
PonteVecchio.jpg
nel secondo div, il testo Ponte Vecchio

var Contenuto_InfoWindow_PonteVecchio = "<div style='float: left;padding-right: 5px;'>"+	primo contenitore, inizio.
"<img src='PonteVecchio.jpg' border='0' />"+	immagine nel 1° contenitore.
"</div>"+	primo contenitore, fine.
"<div style='float: left;text-align: top;'>"+	secondo contenitore, inizio.
"Ponte Vecchio"+	testo nel secondo contenitore
"</div>";	secondo contenitore, fine.
var PonteVecchio = new google.maps.LatLng(43.767983,11.253175);	posizione della InfoWindow
var infowindow = new google.maps.InfoWindow({ position: PonteVecchio, content: Contenuto_InfoWindow_PonteVecchio	messaggio nella InfoWindow
}); infowindow.open(map)	apre la InfoWindow

InfoWindow con video da You Tube

Il video impiegato concerne la partita del Calcio Storico 2011 Bianchi vs Rossi del 18 giugno 2011.

Il video è visibile all'indirizzo:

https://www.youtube.com/watch?feature=player_embedded&v=1yZIJSKQS_8

Per farlo visualizzare nella InfoWindow occorre prelevare il codice di condivisione fornito da YouTube.

Nella pagina You Tube del video fare click su condividi, verrà mostrato un indirizzo web per la condivisione, per questo video è: http://youtu.be/1yZIJSKQS_8.

Copiarlo e incollarlo nel blocco note.

Dichiarare la variabile Contenuto_InfoWindow_PiazzaSantaCroce e a questa assegnare i contenuti per il video come negli esempi che seguono.

Sono due tipi di codice, entrambi testati, la cui differenza riguarda l'impiego di flash o di Iframe.

Esempio con flash:

```
var Contenuto_InfoWindow_PiazzaSantaCroce = '<object width="250" height="140">'+
'<param name="movie" value="http://www.youtube.com/v/1yZIJSKQS_8?fs=1">'+
'</param><param name="allowFullScreen" value="true">'+
'</param><param name="allowscriptaccess" value="always">'+
'</param><embed src="http://www.youtube.com/v/1yZIJSKQS_8?fs=1" '+
'type="application/x-shockwave-flash" width="250" height="140" '+
'allowscriptaccess="always" allowfullscreen="true">'+
'</embed></object>';
```

Esempio con Iframe:

```
var Contenuto_InfoWindow_PiazzaSantaCroce = '<iframe type="text/html" '+
width="250" height="140" '+
'src="http://www.youtube.com/embed/1yZIJSKQS_8?rel=0" '+
'frameborder="0">'+
'</iframe>';
```

Per inserire un video diverso da quello dell'esempio basta sostituire il codice di condivisione 1yZIJSKQS_8 con quello del nuovo video.

Eventualmente sostituire i valori width="250" height="140" cioè larghezza ed altezza, adattandoli a dimensioni volute e formato (4/3 o 16/9).

Similmente all'esempio precedente (con immagine e testo) il codice seguente crea InfoWindow e all'avvio della pagina la mette a video.

```
var PiazzaSantaCroce = new google.maps.LatLng(43.768979,11.261081); //posizione della
InfoWindow
var infowindow = new google.maps.InfoWindow({
position: PiazzaSantaCroce,
content: Contenuto_InfoWindow_PiazzaSantaCroce
});
infowindow.open(map)
```

InfoWindow doppia

Ha due pulsanti in alto, al click su di essi cambia il contenuto nello spazio sottostante.

Del codice CSS e una funzione di javascript, si occupano del funzionamento.

Per ottenere questo risultato sono impiegati tre div.

Uno, in alto, contiene i pulsanti, subito sotto due div per i due contenuti.

Entrambi div per i contenuti hanno un id (id='P1' e id='P2'). Siccome sono alternativamente visibili, l'id gli caratterizza e permette la loro gestione da CSS e javascript.

CSS, all'interno del blocco style il codice sottostante configura il div con id='P2'

```
#P2{
display: none; /* div nascosto all'avvio */
font-family: Arial, Helvetica, sans-serif; /* tipo di caratteri del testo */
font-size: 9px; /* dimensione dei caratteri */
}
```

Dichiarare la variabile Contenuto_InfoWindow_PiazzaSignoria ed a questa assegnare i tre div con i rispettivi contenuti.

```
var Contenuto_InfoWindow_PiazzaSignoria = "<div>"+
"<button onclick='Pagina(1)'>Pagina 1</button><button onclick='Pagina(2)'>Pagina 2</button>"+
/*pulsanti*/
"</div>"+
/* ---- fine pulsanti e inizio div P1--- */
"<div id='P1'>"+
"<img src='PiazzaSignoria.jpg ' border='0' />"+
/* immagine */
"</div>"+
/*  ---- fine div P1 e inizio div P2--- */
"<div id='P2'>"+
"<br>"+ /* a capo linea vuota lascia spazio da pulsanti */
"<a href='http://it.wikipedia.org/wiki/Piazza_della_Signoria' target='_blank'>Piazza della Signoria</a>"+
/* Link */
"<br>"+ /* testo a capo */
"Piazza centrale di Firenze,"+
"sede del potere civile con Palazzo Vecchio e cuore della vita sociale."+
"<br>"+ /* testo a capo */
"A forma di L, si trova nella parte centrale della Firenze medievale,"+
" a sud del Duomo e a poche decine di metri dal Ponte Vecchio e il fiume Arno."+
" In passato ha avuto vari nomi, come piazza dei Priori o piazza del Granduca."+
"</div>";
```

Il primo pulsante è implementato con questo codice:
<button onclick='Pagina(1)'>Pagina 1</button>
In altre parole il codice afferma:
Quando sul button viene fatto click esegui la funzione javascript Pagina() passando il valore 1

Il secondo pulsante
<button onclick='Pagina(2)'>Pagina 2</button>
chiama la stessa funzione con la differenza che passa il valore 2
Javascript, funzione Pagina() invocata al click sui pulsanti, si occupa di invertire il div visibile.
In P viene intercettato il valore passato al click sul pulsante.
In ragione del valore di P, cioè 1 oppure 2 viene eseguita il codice necessario.

```
function Pagina(P) /* funzione che cambia la parte visibile. In P arriva il numero della parte (1 o 2) */
{

if(P == 1) /* se P ha valore 1 */
{
document.getElementById("P1").style.display = "block";  /* visualizza <div id='P1'> */
document.getElementById("P2").style.display="none";   /* nasconde <div id='P2'> */
};

if(P == 2) /* se P ha valore 2 */
{
document.getElementById("P1").style.display = "none"; /* nasconde <div id='P1'> */
document.getElementById("P2").style.display="block"; /* visualizza <div id='P2'> */
};

};
```

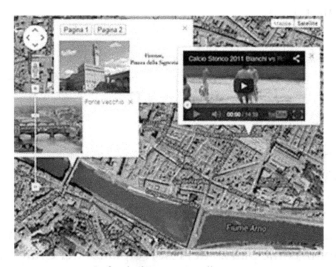

Infowindow personalizzate

Polyline

(esempio-006-Polilines)

Per polyline é inteso una serie di segmenti lineari in sovrapposizione e collegati ad una mappa.
Un oggetto Polyline è costituito da un insieme di punti definiti da Latitudine e Longitudine.
Fra questi punti viene disegnata una linea che li collega.
Allo zoom della mappa la linea si dimensiona in proporzione ad essa.
Una polilinea supporta le seguenti proprietà:

- strokeColor Colore in formato esadecimale. (es. FF0000=rosso 00FF00=verde)
- strokeOpacity Opacità della linea. Valore numerico tra 0.0 e 1.0 (01 di default).
- strokeWeight Larghezza del tratto in pixel.

Questo è il (frammento di) codice che definisce una polyline

```
var flightPlanCoordinates = [
new google.maps.LatLng(43.769637,11.255566),
new google.maps.LatLng(43.767983,11.253175),
new google.maps.LatLng(43.768669,11.255663)
];

var flightPath = new google.maps.Polyline({
path: flightPlanCoordinates,
strokeColor: "#FF0000",// colore rosso
strokeOpacity: 1.0,// opacità
strokeWeight: 10 // larhezza del tratto
});
flightPath.setMap(map); // crea la linea
```

In questo esempio sono definiti tre punti.
Fra questi tre punti disegnato un polyline.

I tre marker che si vedono sulla mappa sono sugli stessi punti geografici del polyline ma non hanno altro in comune con polyline.
Facendo zoom sulla mappa si può vedere che polyline si dimensiona, mentre i marker rimangono uguali.

Polygons (Poligoni)

(esempio-007-Polygons)

Un poligono definisce una serie di coordinate in una sequenza ordinata.
I poligoni formano zone chiuse che possono essere anche colorate.
Allo zoom della mappa il poligono si dimensiona in proporzione ad essa.

Il poligono dell'esempio è costituito da tre coordinate.
Poiché poligoni definiscono aree chiuse, non è necessario definire i punti di inizio e chiusura, le API Maps chiuderanno in modo automatico i poligoni disegnando un tratto che collega il primo punto con l'ultimo.

```
// definizione e visualizazione di Polygon
var CoordinatePolygon = [
new google.maps.LatLng(43.769637,11.255566), // Piazza Signoria
new google.maps.LatLng(43.767983,11.253175), // Ponte Vecchio
new google.maps.LatLng(43.768669,11.255663)  // Piazzale degli Uffizi
];
FirenzeCentro = new google.maps.Polygon({
paths: CoordinatePolygon, // coordinate del poligono
strokeColor: "#FF0000", // colore
strokeOpacity: 0.8, // opacità margine
strokeWeight: 2, // larghezza margine
fillColor: "#00FF00", // colore riempimento
fillOpacity: 0.35, // opacità del riempimento
draggable: true // trascinabile
});
```

FirenzeCentro.setMap(map);
Per impostazione predefinita, un poligono disegnato sulla mappa sarà in posizione fissa.
L'impostazione della proprietà draggable su true consentirà agli utenti di spostare il poligono.

Esempio di poligono disegnato su mappa.

Circles

(esempio-008-Circle)

Un cerchio è simile a un poligono con personalizzazione di dimensione, opacità, bordo e colori.
Allo zoom della mappa si dimensiona in proporzione ad essa.
I colori devono essere indicati in stile numerico esadecimale (vedi appendice Costruire i propri colori web).
Per disegnare un cerchio occorre dichiarare due proprietà che definiscono la posizione e la dimensione.

- center, definisce il centro come coordinate di latitudine longitudine in modo analogo a quelle da passare per i marker o Infowindow.

- radius, specifica il raggio del cerchio espresso in metri in metri.

Il modo di implementare i colori è identico a quello da usare con Polygons.
Per la codifica esadecimale fare riferimento all'appendice.
La proprietà editable di un cerchio definisce inoltre se questa forma è modificabile dagli utenti sulla mappa.
Nell'esempio vengono disegnati tre cerchi con il centro su tre città toscane.
Per le dimensioni dei raggi sono usate le quantità di popolazione delle città.
Con questo metodo abbiamo sulla mappa una raffigurazione grafica delle densità delle popolazioni.

```
var Livorno;
var PopolazioneLivorno = {
strokeColor: "#FF0000", // colore margine
strokeOpacity: 0.8, // opacità
strokeWeight: 4, // larghezza margine
fillColor: "#0000FF", // colore riempimento
fillOpacity: 0.35, // opacità riempimento
map: map,
center: new google.maps.LatLng(43.547553,10.315075), // Livorno
radius: 156000/10,
draggable: true,
editable: true
};
Livorno = new google.maps.Circle(PopolazioneLivorno); // disegna il cerchio

var Firenze;
var PopolazioneFirenze = {
strokeColor: "#00FF00",
strokeOpacity: 0.8,
strokeWeight: 3,
fillColor: "#F0000F",
fillOpacity: 0.35,
map: map,
center: new google.maps.LatLng(43.771342,11.249946), // Firenze
radius: 357000/10,
draggable: true
```

```
};
Firenze = new google.maps.Circle(PopolazioneFirenze);
```

```
var Siena;
var PopolazioneSiena = {
strokeColor: "#0000FF", // colore riempimento
strokeOpacity: 0.8, // opacità
strokeWeight: 2,
fillColor: "#00FF00",
fillOpacity: 0.35,
map: map,
center: new google.maps.LatLng(43.318371,11.33143), // Siena
radius: 52000/10
};
Siena = new google.maps.Circle(PopolazioneSiena);
```

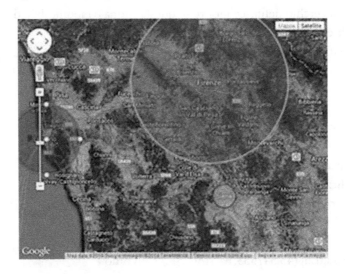

Esempio di cerchi disegnati su mappa per evidenziare densità popolazioni.

Rectangles

(esempio-009-Rectangle)

Un rettangolo è simile a un poligono, è possibile definire colori personalizzati, opacità per il bordo e per l'area interna.
I colori devono essere indicati in stile numerico esadecimale.
Per lo stile esadecimale, fare riferimento all'appendice.

Per un rettangolo non si definiscono percorsi, esso ha una proprietà bounds che definisce la forma.
Per la posizione sulla mappa devono essere definiti due punti come coordinate di latitudine longitudine in modo analogo a quelle da passare per i marker o Infowindow.
Questi due punti definiscono i vertici Nord/Ovest e Sud/Est del rettangolo.

```
var rectangle = new google.maps.Rectangle({
strokeColor: '#FF0000',
strokeOpacity: 0.8,
strokeWeight: 2,
fillColor: '#FF00FF',
fillOpacity: 0.35,
map: map,
draggable: true,
editable: true,
bounds: new google.maps.LatLngBounds(
new google.maps.LatLng(43.769921,11.255259), // vertice nord/ovest
new google.maps.LatLng(43.769316,11.255836) // vertice sud/est
),})
```

Rettangolo disegnato sulla mappa

SymbolPath

(esempio-010-SymbolPath)

Oltre ai marker predefiniti ed a quegli personalizzati, Google Maps mette a disposizione altri simboli predefiniti tramite la classe SymbolPath.

Questo metodo supporta una varietà di prerogative consentendo di personalizzare gli aspetti visivi dei simboli, come ad esempio colore, tratto ecc.

Va tenuto conto che il comportamento predefinito di un simbolo può variare leggermente a seconda del contesto nel quale viene utilizzato.

I simboli predefiniti includono un cerchio e due tipi di frecce.

Codice	Simbolo
google.maps.SymbolPath.CIRCLE	O
google.maps.SymbolPath.BACKWARD_CLOSED_ARROW	∀
google.maps.SymbolPath.FORWARD_CLOSED_ARROW	A
google.maps.SymbolPath.BACKWARD_OPEN_ARROW	V
google.maps.SymbolPath.FORWARD_OPEN_ARROW	∧

```
var ImmagineCerchio = {
path: google.maps.SymbolPath.CIRCLE,
fillOpacity: 0.3,// opacità del riempimento
fillColor: 'white',// colore di riempimento
strokeOpacity: 1.0, // opacità del colori di contorno
strokeColor: 'red', // colore di contorni
strokeWeight: 3.0, // spessore contorno
scale: 40
}

var marker01 = new google.maps.Marker({
position: CentroMappa,
icon: ImmagineCerchio,
map: map
});

var Immagine_BCA = {
path: google.maps.SymbolPath.BACKWARD_CLOSED_ARROW,
fillOpacity: 0.3,// opacità del riempimento
fillColor: 'white',// colore di riempimento
strokeOpacity: 1.0, // opacità del colori di contorno
strokeColor: 'red', // colore di contorni
strokeWeight: 3.0, // spessore contorno
scale: 40
}
```

```
var marker02 = new google.maps.Marker({
position: CentroMappa,
icon: Immagine_BCA,
map: map
});
var Immagine_BOA = {
path: google.maps.SymbolPath.FORWARD_OPEN_ARROW,
fillOpacity: 0.3,// opacità del riempimento
fillColor: 'red',// colore di riempimento
strokeOpacity: 1.0, // opacità del colori di contorno
strokeColor: 'white', // colore di contorni
strokeWeight: 3.0, // spessore contorno
scale: 40
}
var marker03=new google.maps.Marker({
position: CentroMappa,
icon: Immagine_BOA,
map: map
});
```

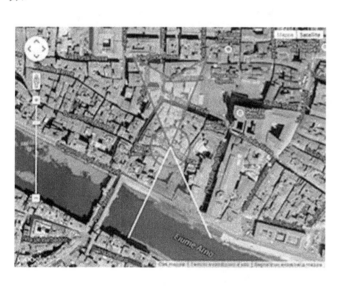

In questo esempio sono definiti tre simboli
- CIRCLE
- BACKWARD_CLOSED_ARROW
- FORWARD_OPEN_ARROW

tutti con gli stessi parametri e lo stesso centro.
Nelle frecce sono stati invertiti i colori di fondo
e margine per migliorarne il raffronto.

GroundOverlay

(esempio-011-GroundOverlayer)

Pone un'immagine rettangolare sovrastante la mappa.

Supporta il formato png con trasparenza, per questa ragione l'immagine può apparire di qualsiasi fattura.

L'immagine viene ridimensionata allo zoom della mappa adattandosi ai limiti stabiliti.

Dell'immagine rettangolare da sovrapporre vanno definiti i vertici Sud/Ovest e Nord/Est come coordinate di latitudine e longitudine.

```
var imageBounds1 = new google.maps.LatLngBounds(
new google.maps.LatLng(43.769467,11.25516), // punto sud/ovest per overlayer
new google.maps.LatLng(43.769881,11.25641) // punto nord/est per overlayer
);
var mapOptions = {
zoom: 17,
center: CentroMappa,
mapTypeId: google.maps.MapTypeId.ROADMAP
}

var map = new google.maps.Map(document.getElementById('Map_Canvas'), mapOptions);

var PiazzaSignoriaOverlayer = new google.maps.GroundOverlay(
' PiazzaSignoria-overlayer.png ', imageBounds1);
PiazzaSignoriaOverlayer.setMap(map);
```

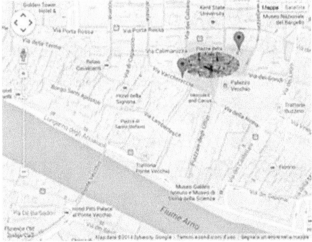

Immagine GroundOverlayer

OverviewMapControl

(esempio-012-overviewMapControl)

Caratteristica nativa di API v3 è una piccola mappa in un riquadro nell'angolo in basso a destra della mappa principale, può anche essere chiuso dall'utente mostrando solo una freccia per aprirlo di nuovo.

Questo spazio offre una panoramica della zona che si sta guardando.

Per attivarlo occorrono due proprietà da inserire nelle opzioni di costruzione della mappa, overviewMapControl e overviewMapControlOptions.

- overviewMapControl: Abilita l'utilizzo dell'opzione e può avere valore true (vero) e false.
- overviewMapControlOptions: Utilizza un oggetto letterale opened che può essere impostato su true o false a seconda si desideri mostrare il riquadro all'avvio oppure una piccola freccia nell'angolo della mappa per ingrandirlo.

Il riquadro conterrà al suo interno un piccolo rettangolo trasparente.

Spostando con il mouse questo rettangolo le mappe, grandi e piccole, si aggiornano alle nuove posizioni.

```
function initialize(){
var options = {
zoom: 19,
center: new google.maps.LatLng(43.768816,11.254558),
mapTypeId: google.maps.MapTypeId.SATELLITE,
tilt: 45,


overviewMapControl: true, // abilita overviewMapControl
overviewMapControlOptions: {
opened: true // visibile all'avvio della mappa
}};
```

OverviewMapControl su mappa

Mappe con controlli non predefiniti

Le mappe visualizzate tramite l'API di Google Maps contengono elementi per consentire l'interazione degli utenti con le mappe (pulsanti, barra verticale ecc.).
Questi elementi sono noti come controlli
Come si può notare nel capitolo "Creazione della mappa" all'esempio-001 alcuni controlli sono già visualizzati senza nessun intervento diretto di programmazione.
Sono stati resi visibili per impostazione predefinita.
Altri controlli, non predefiniti, possono essere mostrati sulle mappe, e altri fra i predefiniti non resi visibili.
Oltre a queste possibilità è anche possibile crearne di propri.

Manipolare i controlli sulle mappe

Il comando disableDefaultUI [boolean] è la porta di accesso a queste modifiche.
Il valore predefinito è false.
Settando su true permette di disabilitare l'interfaccia predefinita.
Da notare che se dopo l'impostazione su true non vengono abilitati i comandi voluti, anche i predefiniti scompaiono.

Vedere esempio002.html dove il comando "disableDefaultUI:true" nella dichiarazione dell'oggetto letterale OggettoProprieta.
function initialize()
{
var CentroMappa = new google.maps.LatLng(43.771342,11.249946);
var OggettoProprieta = {
zoom: 16,
center: CentroMappa,
mapTypeId: google.maps.MapTypeId.HYBRID,
disableDefaultUI: true // disabilita la visualizzazione dei controlli
};

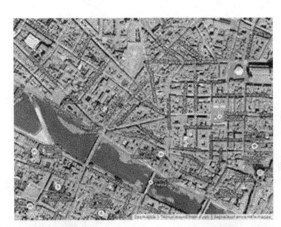

esempio-013- ControlloDisabilitati comando: disableDefaultUI: true

Opzioni dei controlli

Svariati controlli sono configurabili, consentendo di modificare il loro aspetto e/o comportamento.

Ad esempio, il controllo zoom, può essere visualizzato sia grande che piccolo.

Il settaggio della loro visualizzazione/comportamento avviene nella creazione dell'oggetto letterale che contiene le proprietà che vogliamo passare alla mappa.

Controlli ed esempi di visualizzazione disposizionibili.

mapTypeControl: true,
mapTypeControlOptions: {
style:
google.maps.MapTypeControlStyle.HORIZONTAL_BAR,
position: google.maps.ControlPosition.TOP_CENTER}

- HORIZONTAL_BAR visualizza pulsanti in una barra orizzontale, come mostrato su Google Maps.
- DROPDOWN_MENU visualizza un singolo controllo con selezionare mediante un menu a discesa.
- DEFAULT visualizza appropriato alle dimensioni dello schermo.

panControl: true,
panControlOptions: {
position: google.maps.ControlPosition.TOP_RIGHT}

zoomControl: true,
zoomControlOptions: {
style: google.maps.ZoomControlStyle.LARGE,
position: google.maps.ControlPosition.LEFT_CENTER}

- SMALL controllo mini, composto da tasti + e -.
  Adatto per piccole mappe e dispositivi touch.
- LARGE controllo di scorrimento dello zoom.
  Su dispositivi touch, è visualizzato come + e -
- DEFAULT controllo zoom appropriato in base al dispositivo su cui la mappa è in esecuzione.

scaleControl: true,
scaleControlOptions: {
position: google.maps.ControlPosition.TOP_LEFT}
streetViewControl: true,
streetViewControlOptions: {
position: google.maps.ControlPosition.LEFT_TOP}

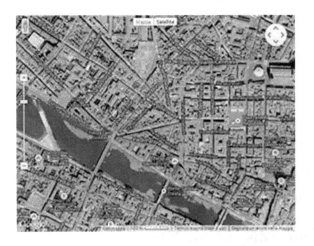

esempio-014 tutti controlli attivati disposti a-piacere

Posizioni supportate per i controlli:

- TOP_CENTER in alto al centro.
- TOP_LEFT in alto a sinistra
- TOP_RIGHT in alto a destra
- LEFT_TOP a sinistra in alto, ma al di sotto di qualsiasi elemento TOP_LEFT
- RIGHT_TOP a destra in alto, ma al di sotto di qualsiasi elemento TOP_RIGHT
- LEFT_CENTER lungo il lato sinistro, centrato tra le TOP_LEFT e BOTTOM_LEFT
- RIGHT_CENTER lungo il lato destro, centrato tra le TOP_RIGHT e BOTTOM_RIGHT
- LEFT_BOTTOM a sinistra, lungo il bordo inferiore, ma sopra ogni BOTTOM_LEFT
- RIGHT_BOTTOM a destra lungo il bordo inferiore, ma sopra ogni BOTTOM_RIGHT
- BOTTOM_CENTER al centro del bordo inferiore della mappa
- BOTTOM_LEFT sul bordo inferiore a sinistra
- BOTTOM_RIGHT sul bordo inferiore a destra

TOP_LEFT	TOP_CENTER	TOP_RIGHT
LEFT_TOP		RIGHT_TOP
LEFT_CENTER		RIGHT_CENTER
LEFT_BOTTOM		RIGHT_BOTTOM
BOTTOM_LEFT	BOTTOM_CENTER	BOTTOM_RIGHT

Esempi di controlli personalizzati

I controlli saranno posizionati sulla mappa con posizione assoluta.
Questo vuol dire che al dimensionamento o scorrimento della mappa essi rimangono fissi.
Dal punto di vista tecnico, un controllo è un <div> dei css.
L'interazione con l'utente è governata da gestori di eventi.

Ricentra mappa.

Il codice di questa mappa crea un pulsante personalizzato di colore giallo con la dicitura Firenze.
La mappa, all'avvio è centrata su Firenze.
Una volta spostata la mappa, al click sul pulsante personalizzato la mappa ritorna sulla posizione di avvio, cioè su Firenze.

```
var map;
var Firenze = new google.maps.LatLng(43.771342,11.249946); // Coorfinate di Firenze
function FirenzeControl(controlDiv, map) { // parametri per il pulsante personalizzato
controlDiv.style.padding = '5px';
var controlUI = document.createElement('div');
controlUI.style.backgroundColor = ' #FFFF00 ';
controlUI.style.border='1px solid';
controlUI.style.cursor = 'pointer';
controlUI.style.textAlign = 'center';
controlUI.title = 'Mappa su Firenze';
controlDiv.appendChild(controlUI);
var controlText = document.createElement('div');
controlText.style.fontFamily='Arial,sans-serif';
controlText.style.fontSize='12px';
controlText.style.paddingLeft = '4px';
controlText.style.paddingRight = '4px';
controlText.innerHTML = '<b>Firenze<b>'
controlUI.appendChild(controlText);google.maps.event.addDomListener(controlUI, 'click',
function() { // avento click sul pulsante personalizzato
map.setCenter(Firenze)
});
}
```

```
function initialize() {
var mapDiv = document.getElementById('Map_Canvas');
var myOptions = {
zoom: 12,
center: Firenze,
mapTypeId: google.maps.MapTypeId.ROADMAP
}

map = new google.maps.Map(mapDiv, myOptions);
// posizione del pulsante personalizzato
var FirenzeControlDiv = document.createElement('div');
var homeControl = new FirenzeControl(FirenzeControlDiv, map);
map.controls[google.maps.ControlPosition.TOP_RIGHT].push(FirenzeControlDiv);
}
```

esempio-015-Pulsante-personalizzato-Ricentra mappa

Posizionarsi su città e ritorno al centro

Il codice seguente crea una mappa centrata su Siena, essa ha tre pulsanti personalizzati, uno per spostarsi su Firenze e l'altro su Livorno e il terzo per tornare su Siena.

```
<script>
var CentroMappa = new google.maps.LatLng(43.318933,11.330227);// Siena, centro mappa all'avvio
var map;
// inizio creazione pulsante per Livorno
var livorno = new google.maps.LatLng(43.547553,10.315075);// coordinate per Livorno
```

```
// Crea il controllo che porta il centro mappa su LIVORNO
function HomeControlLIVORNO(controlDiv, map) {
controlDiv.style.padding = '5px';
var controlUI = document.createElement('div');
controlUI.style.backgroundColor = 'red';
controlUI.style.border='1px solid';
controlUI.style.cursor = 'pointer';
controlUI.style.textAlign = 'center';
controlUI.title = 'Set map to Livorno';
controlDiv.appendChild(controlUI);
var controlText = document.createElement('div');
controlText.style.fontFamily='Arial,sans-serif';
controlText.style.fontSize='12px';
controlText.style.paddingLeft = '4px';
controlText.style.paddingRight = '4px';
controlText.innerHTML = '<b>Livorno<b>'
controlUI.appendChild(controlText);
```

```
// Evento click del pulsante per centrare la mappa su Livorno
google.maps.event.addDomListener(controlUI, 'click', function() {
map.setCenter(livorno)
});
}
// inizio creazione pulsante per Firenze
var firenze = new google.maps.LatLng(43.771342,11.249946);// coordinate per firenze
// Crea il controllo che porta il centro mappa su FIRENZE
function HomeControlFIRENZE(controlDiv, map) {
controlDiv.style.padding = '5px';
var controlUI = document.createElement('div');
controlUI.style.backgroundColor = 'yellow';
controlUI.style.border='1px solid';
controlUI.style.cursor = 'pointer';
controlUI.style.textAlign = 'center';
controlUI.title = 'Set map to Firenze';
controlDiv.appendChild(controlUI);
var controlText = document.createElement('div');
controlText.style.fontFamily='Arial,sans-serif';
controlText.style.fontSize='12px';
controlText.style.paddingLeft = '4px';
controlText.style.paddingRight = '4px';
controlText.innerHTML = '<b>Firenze<b>'
controlUI.appendChild(controlText);
// Evento click del pulsante per centrare la mappa su Firenze
google.maps.event.addDomListener(controlUI, 'click', function() {
map.setCenter(firenze)
});
}
// inizializzazione della mappa all'avvio
function initialize() {
var mapDiv = document.getElementById('Map_Canvas');
// opzioni della mappa
var myOptions = {
zoom: 12,
center: CentroMappa,
mapTypeId: google.maps.MapTypeId.ROADMAP
}
map = new google.maps.Map(mapDiv, myOptions); // crea la mappa centrata su Siena
// A video il DIV per chiamare la funzione HomeControlLIVORNO()
var homeControlDiv_Livorno = document.createElement('div');
var homeControl_Livorno = new HomeControlLIVORNO(homeControlDiv_Livorno, map);
map.controls[google.maps.ControlPosition.TOP_CENTER].push(homeControlDiv_Livorno);
```

```
// A video il DIV per chiamare la funzione HomeControlFIRENZE()
var homeControlDiv_Firenze = document.createElement('div');
var homeControl_Firenze = new HomeControlFIRENZE(homeControlDiv_Firenze, map);
map.controls[google.maps.ControlPosition.TOP_CENTER].push(homeControlDiv_Firenze);
}
</script>
```

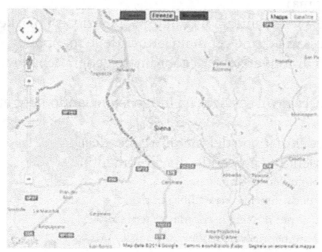

esempio-016-Pulsanti-personalizzati Posiz. su città e ritorno centro

Geocoding e ReverseGeocoding

Geocoding è il processo di conversione di un indirizzo testuale es. Piazza di Montecitorio 00186 Roma in coordinate geografiche espresse come latitudine e longitudine 41.900742,12.478593 (di Piazza di Montecitorio 00186 Roma).

Di solito, con queste coordinate, viene centrata una mappa, posizionati marker, InfoWindow e tutti gli oggetti (overlayer) necessari ad una ottimale lettura delle mappa.

Geocoding inverso è il processo di conversione di coordinate geografiche in un indirizzo leggibile.

Con le API Google Maps V.3 l'accesso al servizio ha luogo istanziando l'oggetto google.maps.Geocoder.

A sua volta google.maps.Geocoder dispone del metodo geocode().

Il metodo geocode() avvia una richiesta passando due argomenti:

1. GeocodeRequest, letterale e può contenere diverse proprietà, queste sono: address o in alternativa latLng (di cui almeno una è obbligatoria).
   a. address (indirizzo testuale per ricevere le coordinate terrestri)
   b. latLng (coordinate terrestri per ricevere l'indirizzo testuale)
      i. bounds, (opzionale) Limiti geografici della richiesta
      ii. region (opzionale) Il codice della regione, specificato in linguaggio IANA per approfondimenti http://www.iana.org/assignments/language-subtag-registry/language-subtag-registry
2. Funzione di callback da eseguire una volta completata la richiesta.

Questo è il codice di una richiesta Geocoding,
(Volendo invece fare ReverseGeocoding basterebbe sostituire 'address' con 'latLng' ed al posto di IndirizzoTestualeRichiesto passare le coordinate terrestri).

```
geocoder.geocode( {'address': IndirizzoTestualeRichiesto}, function(results, status) { // esegue il geocoder per  IndirizzoTestualeRichiesto
if (status == google.maps.GeocoderStatus.OK) {// prosegue se ha avuto esito positivo

var C = ""; C = results[0].geometry.location; //coordinate del luogo richiesto
alert(C);
map.setCenter(results[0].geometry.location // nuovo centro della mappa sulle coordinate ricevute
);
} else {
alert("Geocode was not successful for the following reason: " + status);
}
});
```

La risposta ottenuta dalla richiesta (GeocodeResults) è un oggetto JSON che possiamo facilmente percorrere per ottenere le proprietà e le informazioni che ci interessano:

Leggere i risultati di Geocoding e ReverseGeocoding

La risposta alla richiesta Geocoding (o ReverseGeocading) saranno 2 variabili una di tipo GeocoderStatus (status) e un Array con elementi di tipo GeocoderResult (results).
Status può prendere il valore di:
- OK, la chiamata è andata a buon fine e conterrà Results con le le informazioni richieste (address_components se geocoding o geometry.location se geocoding inverso).
  - address_components, varie informazioni relative ad indirizzo testuale per es. long_name, short_name ecc.
  - geometry.location, informazioni espresse come coordinate geografiche.
- REQUEST_DENIED, la pagina non ha il permesso di accedere al Geocoder.
- ZERO_RESULTS, non ci sono risultati per la ricerca effettuata.
- INVALID_REQUEST, Richiesta non valida.

Per effetto delle omonimie dei nomi dei luoghi, il Geocoder può restituire più di una voce, l'oggetto letterale GeocoderResults è una matrice.
Results ha questo schema:
results[]:{
types[]: string,
        formatted_address: string,
        address_components[]:   {
        short_name: string,
        long_name: string,
        types[]: string

geometry:{
        location: LatLng,
        location_type: GeocoderLocationType
        viewport: LatLngBounds,
        bounds: LatLngBounds
        }
}

Gli indirizzi verranno restituiti utilizzando l'impostazione linguistica della chiamata fatta per inserire la mappa nella propria web
<script type="text/javascript"
src="http://maps.google.com/maps/api/js?sensor=false&language=it"></script>
in questo caso l'italiano.
Un potenziale problema che si presenta quando facciamo uso del Geocoding con Google Maps potrebbe essere quello dei casi di omonimia nei nomi delle località.
Il problema è spesso superabile, perché legato sostanzialmente al cambio del paese di base al quale il geocoder delle mappe effettua la richiesta.

Decodificare i risultati di Geocoding e ReverseGeocoding

- types[] è una matrice che indica il tipo del risultato restituito.
  Questa matrice contiene zero o più tag che identificano le caratteristiche del risultato.
  Ad esempio, un geocode di "Chicago" restituisce "località" che indica "Chicago" è una città che restituisce anche "politico" che indica essere un'entità politica.
    - formatted_address, è una stringa contenente l'indirizzo testuale leggibile.
      Questo indirizzo è spesso equivalente a "indirizzo postale," che è diverso da nazione a nazione.
      L'indirizzo è generalmente composto da più parti es. CAP, numero civico ecc..
      I componenti degli indirizzi sono indicati di seguito.
        - address_component[], è una matrice di campi separati contenente i componenti dell'indirizzo
        - postcode_localities[], è una matrice che indica le località contenute in un codice postale. Presente solo quando il risultato è un codice postale che contiene molteplici località.
- geometry contiene le seguenti informazioni
    - location, latitudine/longitudine come un oggetto LatLng (non come una stringa).
    - location_type, memorizza dati aggiuntivi relativi a posizione specificata.
      Attualmente sono supportati i seguenti valori.
        - google.maps.GeocoderLocationType.ROOFTOP, indica che il risultato restituito riflette un preciso geocode.
        - google.maps.GeocoderLocationType.RANGE_INTERPOLATED, indica che il risultato restituito riflette un'approssimazione (solitamente su una strada) interpolata tra due punti precisi (come ad esempio intersezioni).
          Risultati interpolati sono generalmente restituiti quando non è disponibile un indirizzo stradale.
        - google.maps.GeocoderLocationType.GEOMETRIC_CENTER, indica che il risultato è un centro geometrico (ad esempio, una strada o una regione).
        - google.maps.GeocoderLocationType.APPROXIMATE, indica che il risultato restituito è approssimativo.
    - Viewport, finestra consigliata per il risultato.
    - bounds, LatLngBounds che può il risultato.
      Questi limiti potrebbero non corrispondere il viewport consigliato.

Geocoding all'opera

Viene realizzata una mappa con il metodo già descritto nel capitolo Creazione della mappa
Il centro della mappa ha le coordinate 43.771342,11.249946, ma potrebbero essere qualsiasi altro punto terrestre.
Più in alto alla mappa è posto un controllo; dice è possibile inserire un nome città, paese o anche indirizzi testuali.
A fianco di questo controllo un pulsante.
Al click sul pulsante (evento click) è lanciato il codice che fa il geocoding per quanto scritto nel controllo.
Nell'esempio è già inserito il testo Malmantile trattandosi di un paese che non risulta abbia omonimie.
Si aprirà una finestra con scritto le coordinate del luogo, poi la mappa si centrerà su Malmantile e comparirà un marker su Malmantile.

```
// controllo per l'inserimento del testo:
<input id="IndirizzoTestualeRichiesto" type="textfield" value="Malmantile">
// Il pulsante:
<input type="button" value="Geocode" onClick="ElaboraIndirizzo()">
//Il codice che esegue il Geocoding
function ElaboraIndirizzo() { // funzione invocata al click sul pulsante Geocode

// legge l'indirizzo posto nel controllo id="IndirizzoTestualeRichiesto"
var IndirizzoTestualeRichiesto =
document.getElementById("IndirizzoTestualeRichiesto").value;
// esegue il geocoder per 'indirizzo
geocoder.geocode( {'address': IndirizzoTestualeRichiesto}, function(results, status) {

if (status == google.maps.GeocoderStatus.OK) {// prosegue se ha avuto esito positivo
// mette il risultato a video per questo esempio.
var C = "";
C = results[0].geometry.location; //coordinate del luogo richiesto
alert(C);
// utilizzo del risultato per nuovo centro mappa
map.setCenter(results[0].geometry.location // nuovo centro della mappa
);
// inserisce il marker sulle coordinte ricevute
var marker = new google.maps.Marker({// attributi del marker
title:IndirizzoTestualeRichiesto,
map: map,
position: results[0].geometry.location // posiziana il marker
});
} else {
alert("Geocode was not successful for the following reason: " + status); // non riuscito
}});}
```

esempio-017-geogoding

Reverse Geocoding all'opera

Trattandosi dell'operazione inversa del Geocoding, la partenze à dalle coordinate geografiche.
Per come rilevarle fare riferimento al capitolo:
"Come ottenere le coordinate Google di un qualsiasi luogo geografico ".
La mappa è simile a quella dell'esempio precedente.
Al click sul pulsante viene eseguito il Reverse Geocoding, centrata la mappa sulle coordinate,
inserito un marker ed una InfoWindow con l'indirizzo ritornatoci dal reverse geocoding.

```
//I controllo per l'inserimento delle coordinate:
<input id="CoordinateDaElaborare" type="textfield" value="43.769653,11.25564">
 // pulsante:
<input type="button" value="Reverse Geocode" onClick="ElaboraLeCoordinate()">
// codice che esegue il Reverse Geocoding
function ElaboraLeCoordinate() {
// preleva i dati immessi dall'utente
 var CoordinateElaborate = document.getElementById("CoordinateDaElaborare").value; //
alert(input);
// li elabora per essere usate dal Reverse Geocoding
var latlngStr = CoordinateElaborate.split(",",2); // alert(latlngStr);
var lat = parseFloat(latlngStr[0]); // alert(lat);
var lng = parseFloat(latlngStr[1]); // alert(lng);
// esegue il geocoder inverso sulle coordinate richieste
var CoordinatePerGeocoderInverso = new google.maps.LatLng(lat, lng); // alert(latlng);
geocoder.geocode({'latLng': CoordinatePerGeocoderInverso}, function(results, status) {
if (status == google.maps.GeocoderStatus.OK) {
if (results[1]) {
```

```
map.setZoom(11); // cambia livello di zoom della mappa
var CentroSuCoorinate = new google.maps.LatLng(lat, lng);
map.setCenter(CentroSuCoorinate); // centra laa mappa sulle coordiante
marker = new google.maps.Marker({// crea marker sulle coordinate
position: CoordinatePerGeocoderInverso,
title: setContent(results[0].formatted_address), // indirizzo testuale ritornato per le coordinate
inserite
map: map
});
// Mette all'interno della InfoWindow il testo dell'indirizzo risultato dal reverse goocoder
infowindow.setContent(results[0].formatted_address);
infowindow.open(map, marker);
} else {
alert("No results found");
}
} else {
alert("Geocoder failed due to: " + status);
}
});
}
```

Reverse Geocoding con decodifica indirizzo testuale del risultato

Il seguente esempio, simile al precedente ricava l'indirizzo testuale da coordinate date.
Una volta rilevato l'indirizzo lo scompone nelle sue componenti mostrandole a video.
Lo stesso processo viene effettuato anche al clik del mouse sulla mappa.

```
<script>
var geocoder;
var map;
var city = null;
var county = null;
var state = null;
function initialize() {
geocoder = new google.maps.Geocoder();
var latlng = new google.maps.LatLng(43.771342,11.249946);
var mapOptions = {
zoom: 12,
center: latlng,
 mapTypeId: 'roadmap'
}
map = new google.maps.Map(document.getElementById('Map_Canvas'), mapOptions);
```

```
// esegue revere geocode al click sulla mappa
/// trovando l'indirizzo corrispondente
google.maps.event.addListener(map, "click", function(evt){
document.getElementById('latlng').value = evt.latLng.toUrlValue(6);
EsegueReverseGeocoding(evt.latLng.lat(), evt.latLng.lng());
});
}
function LeggeParemetriDaElaborare()
{
var input = document.getElementById('latlng').value;
var latlngStr = input.split(',', 2);
var lat = parseFloat(latlngStr[0]);
var lng = parseFloat(latlngStr[1]);
var latlng = new google.maps.LatLng(lat, lng);
EsegueReverseGeocoding(lat,lng);
}
function EsegueReverseGeocoding(lat, lng) {
city = null;
county = null;
state = null;
var latlng = new google.maps.LatLng(lat, lng);
geocoder.geocode({'location':latlng}, function(results, status) {
if (status == google.maps.GeocoderStatus.OK) {
console.log(results)
if (results[0]) {
//formatted address
//  alert(results[0].formatted_address);

document.getElementById('RisultatoDelReverseGeocoding').innerHTML +=
"<br>results[0].formatted_address=" + results[0].formatted_address+"<br>";
   //find country name
for (var i=0; i<results[0].address_components.length; i++) {
for (var b=0;b<results[0].address_components[i].types.length;b++) {

//Qui ci sono i diversi valori che potrebbe contenere il risultato da geocodin inverso
 if (results[0].address_components[i].types[b] == "administrative_area_level_1") {
state= results[0].address_components[i];
break;
} if (results[0].address_components[i].types[b] == "administrative_area_level_2") {

county= results[0].address_components[i];
break;

} if (results[0].address_components[i].types[b] == "administrative_area_level_3") {
```

```
city= results[0].address_components[i];
break;
}
}
}
map.setCenter(latlng); // centra la mappa

marker = new google.maps.Marker({
position: latlng,
title: results[0].formatted_address,
map: map
});

// alert(city.short_name + " " + city.long_name)
if (city) document.getElementById('RisultatoDelReverseGeocoding').innerHTML += "city
data="+city.short_name + " " + city.long_name+"<br>";
if (county) document.getElementById('RisultatoDelReverseGeocoding').innerHTML += "county
data="+county.short_name + " " + county.long_name+"<br>";
if (state) document.getElementById('RisultatoDelReverseGeocoding').innerHTML += "state
data="+state.short_name + " " + state.long_name+"<br>";
} else {alert("No results found");}
} else {
alert("Geocoder failed due to: " + status);
}});}
</script>
```

esempio-018-ReverseGeogoding

results[0].formatted_address=Viale Francesco Talenti, 9°, 50142 Firenze, Italia
county data=FI Firenze
state data=Toscana Toscana

esempio-019-ReverseGeogoding-con-decodifica-indirizzo

Directions Service

Una volta raggiunta una certa familiarità con l'utilizzo del Geocoder, il passo successivo è relazionare i diversi punti localizzati sulle pappe.

Il metodo per evidenziare il collegamento fra loro tramite strade, ferrovie o anche piste ciclabili, è DirectionsService.

Con DirectionsService, i tragitti possono essere quantificati usando una varietà di mezzi di trasporto ed anche come percorsi camminando.

Nell'utilizzo, questo oggetto comunica con il servizio di Google Maps API trasmettendo i parametri necessari, ricevendo i risultati calcolati.

Fra i parametri da inviare i più importanti sono, località di partenza, di arrivo e mezzo di trasporto, anche se è possibile inviare tappe intermedie obbligatorie durante il percorso, evitare strade a pagamento ecc.

Questi risultati possono essere gestiti dall'oggetto DirectionsRenderer per eseguirne il rendering (la rappresentazione sulla mappa).

Le località d'origine e destinazione possono essere passate al servizio come stringhe di testo (ad esempio "Firenze, Piazza Signoria", oppure "Provincia Di Livorno, Via di Montenero, Livorno, LI" ma anche come Latitudie e Longitudine.

Il servizio può restituire più percorsi.

I risultati vengono raffigurati come una linea che disegna il percorso sulla mappa.

Sul percorso una serie di una serie di indicazioni ne falicitarenno la comprensione.

 (ad esempio " Alla rotonda prendi la 1ª uscita e imbocca Superstrada Pisa Firenze ").

Directions Requests

L'accesso al servizio di direzioni è asincrono, perché le API di Google Maps hanno bisogno di effettuare una chiamata a un server esterno.
Occorre passare un metodo di callback da eseguire dopo il completamento della richiesta.
Questo metodo di callback elaborerà il risultato (che può essere anche multiplo).

Nella pratica, occorre creare un oggetto di tipo DirectionsService, ad esempio:
var directionsService = new google.maps.DirectionsService();
costruire un oggetto request (letterale) contenente i parametri da inviare, ad esempio:
var request = {
      origin: PuntoDiOrigine,
      destination:PuntoDiArrivo,
      travelMode:MezzoDiTrasporto
};
chiamare DirectionsService.route() per avviare una richiesta al servizio di direzioni, passando l'oggetto request (letterale) costruito in precedenza e un metodo di callback da eseguire dopo il ricevimento della risposta, ad esempio:
directionsService.route(request, function(response, status)
{
// ... elaborazione della risposta ...
}
L'oggetto letterale request nella sua conformazione completa può contenere i seguenti campi/parametri.
{
origin: LatLng, (obbligatorio) LatLng | String,
destination: (obbligatorio) LatLng | String,
travelMode: (obbligatorio),
transitOptions: TransitOptions, (opzional)
unitSystem: UnitSystem, (opzionale)
durationInTraffic: Boolean, opzionale)
waypoints[]: DirectionsWaypoint, (opzionale)
optimizeWaypoints: Boolean, (opzionale)
provideRouteAlternatives: Boolean, (opzionale)
avoidHighways: Boolean,(opzionale)
avoidTolls: Boolean (opzionale)
region: String (opzionale) specifica il codice della regione
}

- origin (obbligatorio) specifica la posizione di partenza da cui calcolare le direzioni.
  Il valore può essere una stringa (ad esempio "Chicago, IL") o come valore LatLng.
- destination (obbligatorio) specifica la posizione finale per la quale calcolare le direzioni.
  Il valore può essere una stringa (ad esempio "Chicago, IL") o come valore LatLng.
- travelMode (obbligatorio) consente di specificare il mezzo di trasporto da utilizzare.
  - google.maps.TravelMode.DRIVING rete stradale.
  - google.maps.TravelMode.BICYCLING piste ciclabili.
  - google.maps.TravelMode.TRANSIT mezzi pubblici.

- o   google.maps.TravelMode.WALKING camminando.
- transitOptions (opzionale) specifica i valori che si applicano solo alle richieste dove travelMode è google.maps.TravelMode.TRANSIT. I valori validi sono descritte nelle opzioni di transito, di sotto.
    - o   departureTime (opzionale) orario di partenza.
    - o   ArrivalTime (opzionale) orario desiderato di arrivo.
- unitSystem (opzionale) specifica l'unità di misura da utilizzare per visualizzare i risultati.
    - o   UnitSystem.METRIC sistema metrico,   distanze sono indicate in chilometri.
    - o   UnitSystem.IMPERIAL sistema imperiale (in inglese). Le distanze sono indicate in miglia.
- durationInTraffic (opzionale) il risultato include una durata che tiene conto delle condizioni di traffico.Funzione disponibile solo per clienti aziendali..
- waypoint[] (opzionale) Tappe intermedie.
  Un waypoint è specificato come un oggetto letterale con i seguenti campi:
    - o   location, specifica la posizione del waypoint, un LatLng o come una stringa.
    - o   stopover, valore booleano che indica che il waypoint è una sosta lungo il percorso.
- optimizeWaypoints (opzionale) percorso ottimizzato es. per fornire il più breve possibile.
- provideRouteAlternatives (opzionale) su true il servizio può fornire itinerarii alternativi.
- avoidHighways (opzionale) indica di calcolare il percorso evitando le autostrade/superstrade.
- avoidTolls (opzionale) , indica di calcolare il percorso evitando strade a pedaggio.
- region (opzionale) specifica il codice regione, specificato come un valore di due caratteri ccTLD ("dominio di primo livello").

DirectionsStatus, leggere i risultati

Il DirectionsStatus può restituire diversi risultati, ed è buona norma assicurarsi che siano validi prima di procedere alla loro elaborazione.
Questi sono i risultati possibili:

- OK, risposta a buon fine con un DirectionsResult valido.
- NOT_FOUND, almeno uno dei punti specificati (origine, destinazione o tappa intermedia) potrebbe non essere valido o comunque geodificato.
- ZERO_RESULTS, indica che potrebbe non essere stato trovata una percorso.
- MAX_WAYPOINTS_EXCEEDED, Il massimo consentito di tappe intermedie (waypoint) è 8, più l'origine e la destinazione. Questo risultato indica che la quantità di waypoint è superiore a 8.
  Per i clienti Business sono ammessi 23 waypoint, più l'origine e la destinazione. Waypoint.
- INVALID_REQUEST, indica che il DirectionsRequest fornito non era valido.
- OVER_QUERY_LIMIT, indica che la pagina Web ha inviato troppe richieste nel il periodo temporale consentito.
- REQUEST_DENIED, indica che la pagina Web non è consentita utilizzare il servizio.
- UNKNOWN_ERROR, indica una richiesta non elaborata a causa di un errore del server.
  La richiesta può avere successo provando di nuovo.

DirectionsStatus, gestire il risultato

Una volta ricevuto ok come risposta, il passo successivo è gestirne il risultato.
Di solito viene passato all'oggetto DirectionsRenderer, che gestisce in modo automatico la visualizzazione su di una mappa con un DirectionsResult.
Nell'esempio seguente viene posta a video una mappa su cui sarà disegnato un percorso, questo varierà e seconda del tipo di mezzo di trasporto .
 All'avvio vengono inizializzati
var directionsDisplay = new google.maps.DirectionsRenderer();
var directionsService = new google.maps.DirectionsService();
che serviranno per disegnare il percorso e
var Partenza = "Piazza San Marco, Firenze, FI";
var Arrivo = "Viale Etruria, Firenze, FI";
che sono i punti di partenza e arrivo del percorso.
La mappa è creata nel solito modo con una funzione initialize(), all'interno della funzione il comando
directionsDisplay.setMap(map); // inizializza directionsDisplay per questa mappa.
Un controllo select contiene i tre tipi di percorso (DRIVING = in automobile, TRANSIT = con mezzi pubblici, WALKING = camminando).
Al cambio del valore nel controllo selct viene invocata la funzione CalcolaPercorso()
Nella funzione CalcolaPercorso() viene letto e posto in una variabile il contenuto del select (mezzo di trasposrto), costruito il request con partenza, arrivo e mezzo di trasporto da inviare al servizio directionsService con il comando: directionsService.route(request, function(response, status)
Ricevuta risposta positiva,
if (status == google.maps.DirectionsStatus.OK) {
 directionsDisplay.setDirections(response); // mette sulla mappa il nuovo percorso
 }
il percorso viene disegnato sulla mappa. Rimanendi fissi origine e destinazione, il percorso varia in funzione del mezzo di trasporto.

DirectionsResult valido

Ricevendo risposta alla richiesta di un itinerario, quando il codice di stato è ok, il risultato è un oggetto DirectionsResult con un singolo campo routes[]:

- routes[], matrice di oggetti DirectionsRoute.

  Ogni percorso indica un modo per ottenere il percorso per origine e destinazione inviate.

  In genere routes[] contiene solo un itinerario, a meno che, durante le richiesta, il campo provideRouteAlternatives (percorsi alternativi) sia stato impostato su true (vero).

Percorso fra due punti su di una mappa

esempio-020-Stessi partenza arrivo con diverso mezzo di trasporto.

Firenze, da Piazza San Marco a Viale Etruria
Camminando, in auto e con mezzi pubblici

```
<!DOCTYPE html>
<html>
 <head>
<title>Directions service</title>
<style type="text/css">#Map_Canvas{width:640px; height:480px;}</style>
<script type="text/javascript"
src="http://maps.google.com/maps/api/js?sensor=false&language=it"></script>
<script>
var directionsDisplay = new google.maps.DirectionsRenderer();
var directionsService = new google.maps.DirectionsService();
var map;
var Partenza = "Piazza San Marco, Firenze, FI";
var Arrivo = "Viale Etruria, Firenze, FI";
var CentroMappa = new google.maps.LatLng(43.768816,11.254558); // Via Lambertesca in
Firenze
function initialize() {
 var mapOptions = {
 zoom:17,
 mapTypeId: google.maps.MapTypeId.ROADMAP,
 center: CentroMappa
  }
map = new google.maps.Map(document.getElementById('Map_Canvas'), mapOptions)
directionsDisplay.setMap(map); // inizializza directionsDisplay per questa mappa
}
function CalcolaPercorso() {
var MezzoDiTrasporto = document.getElementById('select').value; <!-- legge valore/mezzo
trasporto selezionato -->
alert(MezzoDiTrasporto);// mostra al video valore della variabile contenente il mezzo di
trasporto
 var request = {// crea il request da inviare a directionsService
 origin:Partenza,
 destination:Arrivo,
 travelMode: MezzoDiTrasporto
 };
 directionsService.route(request, function(response, status) {
 if (status == google.maps.DirectionsStatus.OK) {
 directionsDisplay.setDirections(response); // mette sulla mappa il nuovo percorso
 }
  });
}
 </script>
 </head>
 <body onLoad="initialize()">
 Firenze, da Piazza San Marco a Viale Etruria
 <!-- slider con le tre possibilità di trasporto -->
 <select name="select" id="select" onchange="CalcolaPercorso();"><!--al cambio del valore
ricalcola il percorso-->
```

```html
<option value="">Seleziona il mezzo di trasporto</option>
<option value="DRIVING">In automobile</option>
<option value="TRANSIT">Con mezzi pubblici</option>
<option value="WALKING">Camminando</option>
</select>
<div id="Map_Canvas"></div>
</body>
</html>
```

Mettere a video il percorso anche in modo testuale

Se vogliamo mettere a video anche il percorso testuale occorre un nuovo DIV per mostrarlo, per es.

<div id="PercorsoTestuale" style="width:200;height 100%"></div>

da porre dopo <div id="Map_Canvas"></div>

e il comando:

directionsDisplay.setPanel(document.getElementById("PercorsoTestuale"));

da porre subito dopo

directionsDisplay.setDirections(response);

è tutto.

Directions Routes

DirectionsRoute contiene il percorso con origine e destinazione compresi.

Il percorso può essere costituito da uno o più tratti (DirectionsLeg) a seconda che siano state specificate tappe intermedie (waypoint).

Il percorso contiene anche informazioni sul copyright e di avviso che devono essere visualizzate all'utente.

DirectionsRoute è composto dai seguenti campi

- legs[], è una matrice di oggetti DirectionsLeg, ognuno dei quali contiene informazioni su un tratto del percorso.
  Una risultato separato è presente per ogni waypoint o destinazione.
  (Un itinerario senza waypoint conterrà solo un DirectionsLeg).
  Ogni tratto è costituito da una serie di DirectionSteps.
- waypoint_order, matrice che indica l'ordine dei waypoint nel percorso.
  Questa matrice può avere ordinamenti diversi se al DirectionsRequest è stato passato optimizeWaypoints: true (ottimizza il percorso).
- overview_path, matrice di LatLngs che rappresentano un percorso approssimativo.
- bounds, LatLngBounds che indica i limiti della polilinea lungo questo percorso.
- Copyright, testo di copyright da visualizzare per questo itinerario.
- warninga[], matrice di avvisi da visualizzare.
  Utilizzando l'oggetto DirectionsRenderer, è fatto in modo automatico.

DirectionsLeg

DirectionsLeg, definisce una sola tappa dall'origine alla destinazione.
I percorsi che non contengono tappe inermedie (waypoint), il percorso sarà composto da un unico tratto.
DirectionsLeg è un oggetto letterale con i seguenti campi:

- steps [], array di oggetti DirectionsStep con informazioni su ogni punto separato del tratto.
- distance, indica la distanza totale nel modo seguente.
  - value, distanza espressa in metri
  - text, distanza come stringa di testo.
  (In miglia saranno utilizzati per qualsiasi origine negli Stati Uniti.)
  Indipendentemente dal sistema in uso, il campo distance.value contiene sempre un valore espresso in metri.
  I campi possono essere undefined se la distanza è sconosciuta.
- duration, durata totale del tratto utilizzando il seguente metodo:
  - value, durata in secondi.
  - text, durata come stringa di testo.
  Questi campi possono essere undefined se la durata è sconosciuta.
- duration_in_traffic, durata totale della tratto, tenendo conto delle condizioni di traffico.
  (solo mappe per i clienti commerciali)
- arrival_time, orario di arrivo previsto per questo tratto.
  Solo per le direzioni di transito. Il risultato è un oggetto tempo con tre proprietà:
  - value, tempo specificato come oggetto javascript
  - text, tempo specificato come stringa.
  - time_zone, fuso orario di questa zona.
  Il valore è il nome del fuso orario come definito nel IANA Time Zone Database , ad esempio, "America / New_York".
- departure_time, orario di partenza del tratto, specificato come Tempo oggetto.
  Il departure_time è disponibile solo per le direzioni di transito.
- start_location, LatLng dell'origine del tratto.
  Web Service calcola le direzioni tra località utilizzando la strada più vicina al punto richiesto. Per questa ragione start_location potrebbe non coincidere esattamente con quello impostato.
- end_location, LatLng della destinazione di questa tappa.
  Come per tart_location il punto di arrivo potrebbe non corrispondere a quello impostato.
- start_address, indirizzo testuale di inizio tragitto.
- end_address, indirizzo testuale della fine tragitto.

Directions Steps

DirectionsStep è l'unità più piccola di un itinerario, contenente un singolo punto e la sua descrizione.
Ad esempio " Alla rotonda prendi la 3ª uscita e imbocca Viale Francesco Talenti".
L'informazione può anche contenere la distanza e durata rispetto al punto successivo.
DirectionsStep è un oggetto letterale con i seguenti campi:

- istructions, notizie per questo punto all'interno di una stringa di testo.
- distance, distanza coperta da questo punto fino al prossimo, come un oggetto a distanza. (Vedere DirectionsLeg).
- duration, stima del tempo necessario per andare dal punto corrente al successivo. (Vedere DirectionsLeg).
- start_location, LatLng geocodificate del punto di partenza di questo passaggio.
- end_location, LatLng del punto finale di questo passaggio.
- steps [], oggetto letterale DirectionsStep con indicazioni su come guidare o dove camminare.
- travel_mode, Modalità di viaggio
- path, matrice di LatLngs che descrivono questo passaggio.
- transit, informazioni specifiche sul transito, es. tempi di arrivo, partenza e nome della linea.

Evidenziare con marker tratti di un tragitto

esempio-021-Evidenziare-con-marker-tratti-di-un-tragitto

Nel seguente esempio di codice è costruita una mappa del centro di Firenze con percorsi i diversi punti di interesse turistico.
I vari percorsi possono essere visualizzati come percorsi in auto, con mezzi pubblico o camminando.
Per ogni tratto di ciascun tragitto è posto un marker.
Al clik sul marker appare del testo esplicativo per quel punto.

```html
<!DOCTYPE html>
<html>
 <head>
<title>Directions service con marker su tratti del percorso</title>
<style type="text/css">#Map_Canvas{width:640px; height:480px;}</style>
<script src="https://maps.googleapis.com/maps/api/js?v=3.exp&sensor=false"></script>

<script>
var map;
var directionsDisplay;
var directionsService;
var InizioTratto; // per istanza google.maps.InfoWindow();
var ArrayDeiMarker = []; // marker da posizionare al cambio tratto del tragitto

function initialize() {
 // Crea l'istanza del servizio di direzioni
directionsService = new google.maps.DirectionsService();

 // Crea una mappa e centro di Firenze.
var Firenze = new google.maps.LatLng(43.776796,11.24794); // Firenze
var mapOptions = {
 zoom: 13,
mapTypeId: google.maps.MapTypeId.ROADMAP,
center: Firenze
}
map = new google.maps.Map(document.getElementById('Map_Canvas'), mapOptions);
// Crea un renderer per le direzioni
var rendererOptions = {
map: map
 }
 directionsDisplay = new google.maps.DirectionsRenderer(rendererOptions)
// Crea un'istanza informazioni, le varie istanze verranno assegnate ai marker
InizioTratto = new google.maps.InfoWindow();
CalcolaPercorso()
}

function CalcolaPercorso() {
/* si predispone per un nuovo percorso */
 // rimuovere eventuali marker esistenti sulla mappa.
 // per es. necessario se prima il tragitto era in auto ed adesso camminando
for (var i = 0; i < ArrayDeiMarker.length; i++) {
ArrayDeiMarker[i].setMap(null);
}
// Vuota l'array
ArrayDeiMarker = [];
```

```
// Recupera posizioni di inizio fine e crea un DirectionsRequest utilizzando il
MezzoDiTrasporto selezionato
var PARTENZA = document.getElementById('PARTENZA').value;
var ARRIVO = document.getElementById('ARRIVO').value;
var MezzoDiTrasporto = document.getElementById('MezzoDiTrasporto').value; <!-- legge il
valore/mezzo di trasporto selezionato -->

var request = {
origin: PARTENZA,
destination: ARRIVO,
travelMode: MezzoDiTrasporto
};
// Mette il tragitto sulla mappa e chiama la funzione
// RilevaTrattiDelPercorso per inserire i marker in ogni tratto
directionsService.route(request, function(response, status) {
if (status == google.maps.DirectionsStatus.OK) {
directionsDisplay.setDirections(response);
RilevaTrattiDelPercorso(response);
}
});}

function RilevaTrattiDelPercorso(PercorsoDaElaborare) {
// Al cambio diogni tratto posiziona un marker e aggiungere il testo alla finestra info del
marker.
var TrattoCorrente = PercorsoDaElaborare.routes[0].legs[0];
for (var i = 0; i < TrattoCorrente.steps.length; i++) { // scorre la matrice posizionando i marker
all'inizio di ogni nuovo tratto
// alert(i - " - "+TrattoCorrente.steps[i].start_point);
var marker = new google.maps.Marker({
position: TrattoCorrente.steps[i].start_point,
map: map
});
attachInstructionText(marker, TrattoCorrente.steps[i].instructions);// assegna al testo al marker
ArrayDeiMarker[i] = marker;
}
}

function attachInstructionText(marker, text) {
google.maps.event.addListener(marker, 'click', function() {
// al click sul marker apre una finestra con informazioni testuali per quel punto
InizioTratto.setContent(text);
InizioTratto.open(map, marker);
});
}
</script>
</head>
```

```html
<body onLoad="initialize()">
Percorrenza del tragitto in :
<select id="MezzoDiTrasporto" onchange="CalcolaPercorso();"><!--al cambio del valore
ricalcola il percorso-->
<option value="DRIVING">In automobile</option>
 <option value="TRANSIT">Con mezzi pubblici</option>
<option value="WALKING">Camminando</option>
</select>
<br>
Partenza:
<select id="PARTENZA" onchange="CalcolaPercorso();">
<option value="Anfiteatro Romano, Via Portigiani, Fiesole, FI">Anfiteatro Romano, Via
Portigiani, Fiesole, FI</option>
<option value="Ponte Vecchio, Firenze, FI">Ponte Vecchio, Firenze, FI</option>
<option value="Piazza della Signoria, Firenze, FI">Piazza della Signoria, Firenze, FI</option>
<option value="Piazza dei Pitti, Firenze, FI">Piazza dei Pitti, Firenze, FI</option>
<option value="Piazzale Michelangelo, Firenze, FI">Piazzale Michelangelo, Firenze,
FI</option>
<option value="Piazzale degli Uffizi, Firenze, FI">Piazzale degli Uffizi, Firenze, FI</option>
<option value="Cappella Brancacci, Piazza del Carmine, Firenze, FI">Cappella Brancacci,
Piazza del Carmine, Firenze, FI</option>
<option value="Piazza Santa Croce, Firenze, FI">Piazza Santa Croce, Firenze, FI</option>
<option value="Santa Maria del Fiore, Firenze">Santa Maria del Fiore, Firenze</option>
</select>
<br>
Arrivo :
<select id="ARRIVO" onchange="CalcolaPercorso();">
<option value="Santa Maria del Fiore, Firenze">Santa Maria del Fiore, Firenze</option>
<option value="Piazza Santa Croce, Firenze, FI">Piazza Santa Croce, Firenze, FI</option>
<option value="Cappella Brancacci, Piazza del Carmine, Firenze, FI">Cappella Brancacci,
Piazza del Carmine, Firenze, FI</option>
<option value="Piazzale degli Uffizi, Firenze, FI">Piazzale degli Uffizi, Firenze, FI</option>
<option value="Piazzale Michelangelo, Firenze, FI">Piazzale Michelangelo, Firenze,
FI</option>
<option value="Piazza dei Pitti, Firenze, FI">Piazza dei Pitti, Firenze, FI</option>
<option value="Piazza della Signoria, Firenze, FI">Piazza della Signoria, Firenze, FI</option>
<option value="Ponte Vecchio, Firenze, FI">Ponte Vecchio, Firenze, FI</option>
<option value="Anfiteatro Romano, Via Portigiani, Fiesole, FI">Anfiteatro Romano, Via
Portigiani, Fiesole, FI</option>
</select>
<div id="Map_Canvas"></div>
</body>
</html>
```

Transit Specific Information

Restituisce informazioni specifiche quando per mezzo di trasporto è specificato TRANSIT.
TransitDetails espone le seguenti proprietà:

- arrival_stop, TransitStop, stazione di fermata/arrivo con le seguenti proprietà:
    - name, della stazione/fermata.
    - location, posizione della stazione/fermata come un LatLng.
- departure_stop, TransitStop che rappresenta la fermata di partenza.
- arrival_time, orario di arrivo, specificato come oggetto tempo con tre proprietà:
    - value, tempo specificato come un oggetto JavaScript Date.
    - text, il tempo specificato come stringa di testo. (nel fuso orario della stazione/fermata)
    - time_zone, fuso orario di questa stazione. (definito nel Database IANA di fuso orario).
- departure_time, orario di partenza, specificato come un oggetto di tempo.
- headsign, specifica la direzione su questa linea per lq richiesta.
- headway, se disponibile, specifica il numero di secondi tra le partenze dalla stessa fermata.
- line, oggetto letterale TransitLine che contiene informazioni circa la linea di transito.
  TransitLine fornisce il nome e l'operatore della linea, insieme ad altre proprietà descritte nella documentazione di riferimento TransitLine.
- num_stops, numero di fermate in questo passaggio. Include la fermata di arrivo, ma non la fermata di partenza.

Transit Line

TransitLine dispone delle seguenti proprietà:

- name, nome completo della linea di transito.
- short_name, nome breve di questa linea di transito.
- agencies, matrice di tipo TransitAgency.
  Ogni oggetto TransitAgency fornisce informazioni sull'operatore di questa linea, tra cui le seguenti proprietà:
    - name, nome dell'operatore.
    - URL, URL dell'operatore.
    - phone, numero telefonico dell'operatore.
- URL, URL per questa linea di transito fornito dall'agenzia di transito.
- icon, URL per l'icona associata a questa linea.
- color, colori comunemente utilizzati nella segnaletica per questo transito.
  Il colore è specificato come stringa esadecimale es. #FF0000 (rosso).
- text_color, colore del testo utilizzato comunemente per la segnaletica di questa linea. Il Il colore è specificato come stringa esadecimale es. #00FF00 (verde).
- vehicle, oggetto veicolo che include le seguenti proprietà:
    - name, nome del veicolo su questa linea. ad es. "Metropolitana".
    - type, tipo di veicolo utilizzato su questa linea.
      Vedere la tabella dei tipi di veicolo.
    - icon, URL per l'icona comunemente associato con questo tipo di veicolo.
    - local_ icon, URL per l'icona associata a questo tipo di veicolo localmente.

VehicleType, tipo di veicolo

VehicleType ha le seguenti proprietà:

Nome/Valore	Definizione
VehicleType.RAIL	Veicolo ferroviario.
VehicleType.METRO_RAIL	Metropolitana leggera.
VehicleType.SUBWAY	Metropolitana leggera sotterranea.
VehicleType.TRAM	Ferrovia leggera di terra.
VehicleType.MONORAIL	Monorotaia.
VehicleType.HEAVY_RAIL	Heavy rail. Ferroviario pesante.
VehicleType.COMMUTER_TRAIN	Commuter rail. Servizio ferroviario suburbano.
VehicleType.HIGH_SPEED_TRAIN	Treno ad alta velocità.
VehicleType.BUS	Bus.
VehicleType.INTERCITY_BUS	Autobus interurbani.
VehicleType.TROLLEYBUS	Filobus.
VehicleType.SHARE_TAXI	Condivisione taxi (tipo di bus con possibilità di scendere e salire i passeggeri ovunque sul suo percorso).
VehicleType.FERRY	Traghetto.
VehicleType.CABLE_CAR	Un veicolo che opera su un cavo, di solito sul terreno. Funivie aeree possono essere del tipo VehicleType.GONDOLA_LIFT
VehicleType.GONDOLA_LIFT	Funivia.
VehicleType.FUNICULAR	Un veicolo che è tirato su un pendio ripido di un cavo. (es. funicolare)
VehicleType.OTHER	Tutti gli altri veicoli non inseriti nella tabella

Percorso con opzioni e tappe intermedie

Nel seguente esempio è costruita una mappa con multiple opzioni di viaggio.
Come punto di arrivo è stato scelto il Piazzale degli Uffizi in Firenze, ma potrebbe essere un qualsiasi luogo mappato da Google.
Per ogni percorso è possibile selezionare tappe intermedie fra la partenza e l'arrivo, farci suggerire dal sistema percorsi alternativi, evitare superstrade, pedaggi.
Stabilito il percorso, è possibile variare il mezzo di trasporto fra automobile, mezzi pubblici o camminando, e la mappa si adeguerà immadiatamente.
Il codice è facilmente adattabile per essere usato in un qualsiasi sito web che voglia dispore di una mappa con queste caratteristiche.

esempio-022-percorso-con-opzioni

```
<!DOCTYPE html>
<html>
<head>
<title>Percorso con opzioni e tappe intermedie</title>

<style>
#Map_Canvas{position: absolute;width:640px;height:480px;left:0px;top:0px;}
#ParametriDelPercorso {position: absolute;top: 9px;left: 650px;height: 196px;width:410px;}
#DescrizioneTragitto{position: absolute;top: 208px;left: 650px;height: 161px;width:410px;}
#Tragitto{position: absolute;top: 375px;left: 650px;height: 257px;width:410px;}
</style>
```

```
<script
src="https://maps.googleapis.com/maps/api/js?v=3.exp&sensor=false&language=it"></scrip
t>
<script>
var directionsDisplay;
var directionsService = new google.maps.DirectionsService();
var map;
function initialize() {
directionsDisplay = new google.maps.DirectionsRenderer();
var CentroMappa_LuogoDestinazione = new google.maps.LatLng(43.768628,11.255592);
var mapOptions = {
zoom: 12,
center: CentroMappa_LuogoDestinazione
}
map = new google.maps.Map(document.getElementById('Map_Canvas'), mapOptions);
directionsDisplay.setMap(map);

CalcolaPercorso(); // percorso di default. Togliendo questo il percorso non viene disegnto
all'avvio
 // mette il percorso testuale nel pannello a lato con ************ setPanel ************
directionsDisplay.setPanel(document.getElementById("Tragitto"));
/** crea la infowindow *********************/
var contentString = '<div style="height: 180px;width:180px;">'+
'<img src="Piazzale-Uffizi.jpg" alt="Piazzale degli Uffizi">'+
'<br><b>Piazzale degli Uffizi</b><br>'+
'Firenze<br>'+
'e-mail <a href="mailto:nome@dominio.estens">nome@dominio.estens</a>'+
'</div>';
var infowindow = new google.maps.InfoWindow({
content: contentString,
});
/* aggiunge un marker alla mappa nella posizione latlng che in questo caso è anche il centro
della mappa*/
var marker = new google.maps.Marker({
position: CentroMappa_LuogoDestinazione,
title:"Piazzale degli uffizi", // etichetta sul marker
icon: "Marker-Giglio.png" //immagine personalizzata del marker
});
marker.setMap(map); // fa vedere il marcker
/* se chiusa riapre la infowindow facendo click sul marker */
google.maps.event.addListener(marker, 'click', function() {infowindow.open(map,marker);});
```

```javascript
infowindow.open(map,marker); // apre la infowindow all'avvio
}

function CalcolaPercorso() {
var Partenza = document.getElementById('Partenza').value;
var Arrivo = document.getElementById('Arrivo').value;
var selectedMode = document.getElementById('mode').value;
var TappeIntermedieSelezionate = [];
var ArraySulCheckBoxTappeIntermedie = document.getElementById('TappeIntermedie');
for (var i = 0; i < ArraySulCheckBoxTappeIntermedie.length; i++) {
if (ArraySulCheckBoxTappeIntermedie.options[i].selected == true) // acquisisce valore se voce
è selezionata
{
TappeIntermedieSelezionate.push({
location:ArraySulCheckBoxTappeIntermedie[i].value,
stopover:true});
}
}
/* prepara la richiesta per directionsService.route */
var request = {
origin: Partenza,
destination: Arrivo,
waypoints: TappeIntermedieSelezionate,
optimizeWaypoints: true,
 // esegue se provideRouteAlternatives: true (lo legge dal controllo),
// suggerisci percorsi alternativi
provideRouteAlternatives: document.getElementById('SuggerisciAlternative').checked,
avoidHighways: document.getElementById('EvitaAutostrade').checked,// evita autostrade
avoidTolls: document.getElementById('EvitaPedaggi').checked,// evita pedaggi
travelMode: google.maps.TravelMode[selectedMode]
 };
directionsService.route(request, function(response, status) {
if (status == google.maps.DirectionsStatus.OK) {
directionsDisplay.setDirections(response);
var route = response.routes[0];
var RiepilogoDelTragitto = document.getElementById('DescrizioneTragitto');
RiepilogoDelTragitto.innerHTML = '';
```

```
// Visualiza le informazioni di riepilogo.
for (var i = 0; i < route.legs.length; i++) {
var SegmentoDiPercorso = i + 1;
RiepilogoDelTragitto.innerHTML += '<b>Percorso da: ' + SegmentoDiPercorso + '</b><br>';
RiepilogoDelTragitto.innerHTML += route.legs[i].start_address + ' a ';
RiepilogoDelTragitto.innerHTML += route.legs[i].end_address + '<br>';
RiepilogoDelTragitto.innerHTML += route.legs[i].distance.text + '<br><br>';
}}});
}
</script>
</head>
<body onLoad="initialize()">
<div id="Map_Canvas"></div>
<div id="ParametriDelPercorso">
<b>Mezzo di percorrenza:</b>
<select id="mode" onchange="CalcolaPercorso();">
<option value="DRIVING">Auto</option>
<option value="WALKING">Camminando</option>
<option value="BICYCLING">Piste ciclabili</option>
<option value="TRANSIT">Mezzi pubblici</option>
</select>
<br>
<input type="checkbox" name="SuggerisciAlternative" id="SuggerisciAlternative"
onclick="CalcolaPercorso();">Suggerisci alternative
<br>
<input type="checkbox" name="EvitaAutostrade" id="EvitaAutostrade"
onclick="CalcolaPercorso();">
Evita autostr./superstrade
<input type="checkbox" name="EvitaPedaggi" id="EvitaPedaggi" onclick="CalcolaPercorso();">
Evita pedaggi
<br>
Da:<select id="Partenza" onchange="CalcolaPercorso();">
<option value="Bari">Bari</option>
<option value="Bologna">Bologna</option>
<option value="Milano">Milano</option>
<option value="Genova">Genova</option>
<option value="Roma">Roma</option>
</select>
A :<input type="text" id="Arrivo" value="Piazzale degli Uffizi in Firenze" size="40">

<b>Con tappe intermedie in:</b> <br>
<select multiple id="TappeIntermedie" onclick="CalcolaPercorso();";>
<option value="Pisa">Pisa</option>
<option value="Livorno">Livorno</option>
<option value="Lucca">Lucca</option>
<option value="Pisa">Pisa</option>
<option value="San Benedetto del Tronto">San Benedetto del Tronto</option>
```

```html
<option value="Siena">Siena</option>
</select>(Ctrl-Click per selezioni multiple)
<!-- è possibile attivare il pulsante il commento togliendo e onchange="CalcolaPercorso();" ai
controlli -->
<!-- input type="submit" value="Calcola percorso" onclick="CalcolaPercorso();" -->
</div>
<div id="DescrizioneTragitto"></div>
<div id="Tragitto"></div>
</body>
</html>
```

Percorso con opzioni e tappe intermedie draggable

Simile al precedente è un percoso che può essere modificato trascianndo i marker presenti sulla mappa.

Al cambio di posizioen di un marker, il percorso sulla mappa e testo si aggiornano.

Per fare questo i punti chiave del codice sono:

var rendererOptions = {draggable: true};

e

google.maps.event.addListener(directionsDisplay, 'directions_changed', function()

esempio-023-Percorso con opzioni e tappe intermedie draggable

```html
<!DOCTYPE html>
<html>
<head>
<title>Percorso con opzioni e tappe intermedie draggable</title>
<style>
#Map_Canvas{position: absolute;width:640px;height:480px;left:0px;top:30px;}
#Tragitto{position: absolute;top: 0px;left: 650px;height: 100%;width:410px;}
</style>
<script
src="https://maps.googleapis.com/maps/api/js?v=3.exp&sensor=false&language=it"></script>
<script>
var rendererOptions = {
draggable: true
};
var directionsDisplay = new google.maps.DirectionsRenderer(rendererOptions);;
var directionsService = new google.maps.DirectionsService();
var map;
var Italia = new google.maps.LatLng(43.768628,11.255592);
function initialize() {
var mapOptions = {
zoom: 7,
mapTypeId: google.maps.MapTypeId.ROADMAP,
center: Italia
};
map = new google.maps.Map(document.getElementById('Map_Canvas'), mapOptions);
directionsDisplay.setMap(map);
directionsDisplay.setPanel(document.getElementById('Tragitto'));
// evento cambio tragitto - un marker è stato trascinato in una nuova posizione
// con riferimento alla classe google.maps.DirectionsRenderer
// l'evento directions_changed viene generato quando cambiano le indicazioni di rendering,
// quando viene impostato un nuovo DirectionsResult
// o quando l'utente termina avendo trascinato per un cambiamento nel percorso.
google.maps.event.addListener(directionsDisplay, 'directions_changed', function() {
computeTotalDistance(directionsDisplay.directions);
}); CalcolaPercorso();
}
function CalcolaPercorso() {
var selectedMode = document.getElementById('mode').value;
var request = {
origin: 'Bari, Italia',
destination: 'Piazzale degli Uffizi in Firenze, Italia',
waypoints:[{location: 'Pisa, It'},
{location: 'Livorno, It'},
{location: 'Lucca, It'},
{location: 'San Benedetto del Tronto, It'},
{location: 'Siena, It'},
```

```
],
travelMode: google.maps.TravelMode[selectedMode]
};
directionsService.route(request, function(response, status) {
if (status == google.maps.DirectionsStatus.OK) {
directionsDisplay.setDirections(response);
}});}
function computeTotalDistance(result) {
var DistanzaTotale = 0;
var Tratto = result.routes[0];
for (var i = 0; i < Tratto.legs.length; i++) {
DistanzaTotale += Tratto.legs[i].distance.value; // alert(Tratto.legs[i].distance.value);
}
DistanzaTotale = DistanzaTotale / 1000
document.getElementById('DistanzaTotale').innerHTML = DistanzaTotale + ' km';
}
</script>
</head>
<body onLoad="initialize()">
<b>Mezzo di percorrenza:</b>
<select id="mode" onchange="CalcolaPercorso();">
<option value="DRIVING">Auto</option>
<option value="WALKING">Camminando</option>
</select>
<div id="Map_Canvas"></div>
<div id="Tragitto">Distanza totale: <span id="DistanzaTotale"></span></div>
</body>
</html>
```

Weather and Cloud Layers (previsioni meteo)

Questa funzionalità consente di ottenere informazioni meteorologiche, in tempo reale, pertinenti qualunque zona della Terra.

Fra i dati che è possibile consultare e mostrare sulle proprie mappe ci sono temperatura, grado di umidità, direzione e velocità del vento.

Al click sull'icona meteo di una località si apre una InfoWindow specifica del servizio. Nell'InfoWindow è possibile esaminare la previsione del tempo ai successivi quattro giorni e temperatura, copertura del cielo e umidità.

Subito sotto questi dati, tre link ipertestuali rimandano rispettivamente a pagine web di:

- weather.com fornitore del servizio.
- Ogni ora previsioni orarie.
- 10 giorni previsioni a 10 giorni.

Inserire questo servizio su di una mappa nel proprio sito web è semplice e veloce, la prima cosa da fare è inserire il codice libraries=weather nel collegamento alle API di Google Maps.

Un tipo di collegamento potrebbe essere:

```
<script type="text/javascript"
src="http://maps.google.com/maps/api/js?sensor=true&language=it&libraries=weather"></script>
```

quindi, nella funzione initalize il codice:

```
var weatherLayer = new google.maps.weather.WeatherLayer({
temperatureUnits: google.maps.weather.TemperatureUnit.CELSIUS
});
weatherLayer.setMap(map);
var cloudLayer = new google.maps.weather.CloudLayer();
cloudLayer.setMap(map);
```

non occorre fare altro, la mappa è pronta.

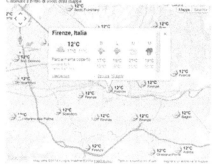

esempio-024-Weather-and-Cloud-Layers-(previsioni-meto)

Tenere presente che funziona solo quando il livello di zoom della mappa è fra 12 e zero (intero planisfero). Avvicinandosi a livello terra (zoom 13 o superiore) il servizio meteo non compare sulla mappa.

Elevation Service (Servizio di Altimetria)

Il servizio fornisce i dati di altimetria per punti della superficie terrestre, comprese le profondità marine (restituiscono valori negativi).

Quando, per un determinato punto, non esitono i dati per il servizio, questi vengno desunti dal valore medio delle 4 posizioni più prossime.

L'oggetto ElevationService comunica con l'API di Google Maps Altitudine Service, fornendo una semplice interfaccia d'uso.

Alcuni degli usi che possono essere fatti con il servizio di altimetria possono essere: calcolare i dislivelli lungo sentieri per applicazioni di mountain bike e trekking, gestire dislivelli per le corse podistiche o ciclistiche ecce.

Il servizio riceve richieste in quantità limitata per scoraggiarne l'abuso.

Richieste dei dati altimetrici

Per utilizzare le API di Google Maps è necessario fare una chiamata a un server esterno, quindi l'accesso al servizio di Elevation è asincrono.

Come per il Geocoder, è necessario passare un metodo callback che verrà poi utilizzato al termine della richiesta.

Il callback elaborerà il risultato in funzione del codice di stato restituito (ElevationStatus) insieme e una serie di oggetti ElevationResult.

ElevationService gestisce due tipi di richieste:

- getElevationForLocations(), viene passato un elenco di posizioni distinte mediante l'oggetto LocationElevationRequest.

- getElevationAlongPath() , richiesta per una serie di punti collegati lungo un percorso mediante l'oggetto PathElevationRequest.

  Con questo tipo di richiesta è necessario passare anche un parametro che indica quanti punti mappa devono essere presi inconsiderazione.

Per ciasun metodo gli oggetti restituiti sono gli oggetti ElevationResult e ElevationStatus.

Richieste Location Elevation

Un LocationElevationRequest letterale oggetto contiene il seguente campo:
{ locations[]: LatLng}
locations (obbligatorio) Definisce la posizione della quela restituire dati di elevazione.
Questo parametro accetta un array di LatLng (Latitudine, Longitudine).
La quantità delle coordinate che è possibile passare non è definito, purché il servizio non venga sovraccaricato.
Inviando molte coordinate l'accuratezza dei dati restituiti potrebbe essere inferiore rispetto a quegli per una singola coordinata.

Sampled Path Elevation Requests - (Richieste per percorso)

PathElevationRequest è un oggetto letterale contenente i seguenti campi:
{
path[]: LatLng,
samples: Number
}

- path, (obbligatorio) Definisce un percorso per il quale verranno restituiti dati di elevazione.
  Devono essere definite due o più coordinate {latitudine, longitudine} utilizzanfo oggetti LatLng.
- samples, (obbligatorio) Specifica la quantità dei punti per il quali restituire i dati.
  Questo parametro divide il percorso in un insieme ordinato di punti equidistanti.

Elevation Responses (Leggere i risultati)

Per ogni richiesta al servizio risulterà un oggetto ElevationStatus ed una serie di oggetti ElevationResult.
ElevationStatus può restituire diversi risultati, ed è buona norma assicurarsi che siano validi prima di procedere alla loro elaborazione.
Questi sono i risultati possibili:

- OK, la richiesta al servizio è andata a buon fine
- Invalid_request, richiesta non valida
- OVER_QUERY_LIMIT, superata la quota consentita
- REQUEST_DENIED, richiesta non completata, verosimilmente per parametro/i non valido/i
- UNKNOWN_ERROR, errore sconosciuto

Elevation Results (Elaborare i risultati)
Quando il risultato è OK, la funzione di callback conterrà gli oggetti ElevationResult con i seguenti elementi:

- location, (LatLng) della posizione.
- elevation, (in metri).
- resolution, (in metri) della distanza massima tra i punti dati da cui l'elevazione è stata estrapolata.

Di seguito tre esempi (scaricabili) illustrano quento scritto sopra.
Per scrivere gli esempi esempio-026-Altimetro (tragitto lineare) ed esempio-027-Altimetro-(con DirectionService) è stato nesessario fare uso del servizio Google Charts (https://developers.google.com/chart/interactive/docs/quick_start).
Si tratta uno strumento che consente di creare grafici e incorporarli in una pagina web.
La trattazione di questo servizio, peraltro molto intuitivo, esula dall'argomento di questo libro, alcuni esempi sono visibili qui: https://developers.google.com/chart/interactive/docs/examples

Altimetro per punti mappa

esempio-025-Altimetro-(per-punti-mappa) ,

Generata una mappa, al click su questa viene mostrata una InfoWindow con il valore dell'altezza in quel punto.

```
<!DOCTYPE html>
<html>
<head>
<title>Servizio altimetro per punti mappa</title>
<style type="text/css">#Map_Canvas{width:640px; height:480px;}</style>
<script type="text/javascript"
src="http://maps.google.com/maps/api/js?sensor=false&language=it"></script>
<script>
var AltezzaSLM;
var map;
var CentroMappa = new google.maps.LatLng(43.842498,11.247063);
function initialize() {
var mapOptions = {
zoom: 13,
center: CentroMappa,
mapTypeId:google.maps.MapTypeId.ROADMAP
}
map = new google.maps.Map(document.getElementById('Map_Canvas'), mapOptions);
// Predispone il servizio ElevationService
AltezzaSLM = new google.maps.ElevationService();

//evento click su di un punto della mappa
google.maps.event.addListener(map, 'click', getElevation);
}
```

```
function getElevation(event) {
var locations = [];

// Recupera il punto sul quele è stato fatto click
// e lo inserisce nella matrice per la richiesta dii altimetria
var clickedLocation = event.latLng;
locations.push(clickedLocation);
// Crea l'oggetto LocationElevationRequest da usare per la richiesta
var PuntoMappaRequest = {'locations': locations}
// elaborazione dei dati dati
AltezzaSLM.getElevationForLocations(PuntoMappaRequest, function(results, status) {
if (status == google.maps.ElevationStatus.OK) {//testa se lo stato della risposta è ok
// Recupera il risultato
if (results[0]) {
 // inserisce a video i dati dell'altitudine
document.getElementById("Altitudine").value = "Altitudine in metri = "+ results[0].elevation;

 } else {
alert('No results found');
}
} else {
alert('Elevation service failed due to: ' + status);
}
});
}
</script>
</head>
<body onLoad="initialize()">
<input type="text" id="Altitudine" value="Fare click sulla mappa per leggere altitudine in quel
punto" size="70">
<div id="Map_Canvas"></div>
</body>
</html>
```

Altimetro in tragitto lineare

esempio-026-Altimetro (tragitto lineare)

Viene generata una mappa del tratto appenninico fra Firenze e Bologna sulla quale è disegnato un tragitto linerare fra 8 caselli dell'autostrada A1.

Sotto la mappa un grafico ne mostra l'altimetria.

Per il grafico è usato il servizio Google Charts
https://developers.google.com/chart/interactive/docs/quick_star t)

```
<!DOCTYPE html>
<html>
<head>
<title>esempio-26-Altimetro (tragitto lineare)</title>
<style type="text/css">
#Map_Canvas{width:640px; height:480px;}
#GraficoAltimetria{width:640px; height:200px}
</style>

<!-- accesso al servizio Google per disegnare il grafico
https://developers.google.com/chart/interactive/docs/quick_start -->
<script type="text/javascript" src="http://www.google.com/jsapi"></script>
<script type="text/javascript"
src="http://maps.google.com/maps/api/js?sensor=false&language=it"></script>

<script>
var elevator;
var map;
var TabellaConAltimetrie;
var infowindow = new google.maps.InfoWindow();
var polyline;

var FirenzeScandicci = new google.maps.LatLng(43.778206,11.16125);
var Calenzano = new google.maps.LatLng(43.852061,11.173414);
var BarberinoDelMugello = new google.maps.LatLng(43.983999,11.21116);
var Roncobilaccio = new google.maps.LatLng(44.117046,11.231502);
var PianDelVoglio = new google.maps.LatLng(44.155817,11.20559);
var Rioveggio = new google.maps.LatLng(44.275682,11.201296);
var SassoMarconi = new google.maps.LatLng(44.36591,11.258623);
var BolognaCasalecchio = new google.maps.LatLng(44.484206,11.259397);
var A1FiBo = [ FirenzeScandicci, Calenzano, BarberinoDelMugello, Roncobilaccio,
PianDelVoglio, Rioveggio, SassoMarconi,BolognaCasalecchio];
```

```javascript
// nomi caselli per title di marker
var M = ["Firenze Scandicci", "Calenzano", "Barberino del Mugello", "Roncobilaccio", "Pian del
Voglio", "Rioveggio", "Sasso Marconi","Bologna Casalecchio"]
// Carica visualization API e il pacchetto piechart
google.load('visualization', '1', {packages: ['columnchart']});

function initialize() {
var OpzioniMappa = {
zoom: 9,
center: Roncobilaccio,
mapTypeId: google.maps.MapTypeId.TERRAIN
}
map = new google.maps.Map(document.getElementById('Map_Canvas'), OpzioniMappa);
elevator = new google.maps.ElevationService(); // API di Google Elevation

/* inserisce i marker ai caselli A1 */
for (var i = 0; i < A1FiBo.length; i++) {
var marker = new google.maps.Marker({
position: A1FiBo[i],
title: M[i],
icon: 'Marker-staffa.png',
map: map // specifica la mappa su cui aggiungere il marker
});
}
DisegnaIlPercorso();
}
function DisegnaIlPercorso() {
// Crea nuovo grafico per altimetrie
TabellaConAltimetrie = new
google.visualization.ColumnChart(document.getElementById('GraficoAltimetria'));
var A1FiBo = [ FirenzeScandicci, Calenzano, BarberinoDelMugello, Roncobilaccio,
PianDelVoglio, Rioveggio, SassoMarconi, BolognaCasalecchio];
// Crea un oggetto PathElevationRequest. Rileva 256 punti lungo il percorso.
var pathRequest = {
'path': A1FiBo,
'samples': 256 // Quntità punti per Dati
}
// Inizializza path request.
elevator.getElevationAlongPath(pathRequest, plotElevation);
}
```

```
// Dall'array di oggetti ElevationResult, richiama percorso su mappa e traccia il profilo
altimetrico
function plotElevation(results, status) {
if (status != google.maps.ElevationStatus.OK) {
return;
}
var elevations = results;

// Estrae misura dell'altitudine e memorizza in un array di LatLngs.
var elevationPath = [];
for (var i = 0; i < results.length; i++) {
elevationPath.push(elevations[i].location);
}
// Visualizza polilinea del percorso.
var pathOptions = {
path: elevationPath,
strokeColor: '#FF0000',
map: map
}
polyline = new google.maps.Polyline(pathOptions);

 // Estrae i dati per popolare la tabella.
var data = new google.visualization.DataTable();
data.addColumn('string', 'Sample');
data.addColumn('number', 'Elevation');
for (var i = 0; i < results.length; i++) {
data.addRow(['', elevations[i].elevation]);
}
// Disegna il grafico con i dati altimetrici
document.getElementById('GraficoAltimetria').style.display = 'block';
TabellaConAltimetrie.draw(data, {
width: 640,
height: 200,
legend: 'none',
titleY: 'Elevation (m)',
focusBorderColor: '#00FF00'
});
}
</script>
</head>

<body onLoad="initialize()">
<div id="Map_Canvas"></div>
<div id="GraficoAltimetria"></div>
</body>
</html>
```

Altimetro con DirectionService

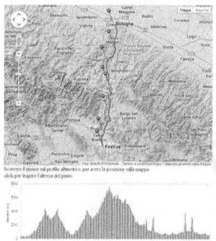

esempio-027-Altimetro-(con DirectionService)

esempio elaborato del precedente, ma il tragitto segue il tracciato dell'A1.

Muovendo il marker verde sulla mappa, nel grafico sottostante si evidenzia l'altimetria del punto corrispondente.

Per il grafico è usato il servizio Google Charts https://developers.google.com/chart/interactive/docs/quick_start)

```html
<!DOCTYPE HTML>
<html>
<head>
<title>esempio-27-Altimetro-(con DirectionService)</title>
<style type="text/css">
#Map_Canvas{width:640px; height:480px;}
#GraficoAltimetria{width:640px; height:200px}
</style>
<!-- accesso al servizio Google per disegnare il grafico
https://developers.google.com/chart/interactive/docs/quick_start -->
<script type="text/javascript" src="http://www.google.com/jsapi"></script>

<script type="text/javascript"
src="http://maps.google.com/maps/api/js?sensor=false&language=it"></script>

<script type="text/javascript">
 var map = null;
var TabellaConAltimetrie = null;
var elevationService = null;
var directionsService = null;
var mousemarker = null;
var markers = [];
var polyline = null;
var elevations = null;

/*** caselli autostradali fra Firenze e Bologna ***/
var FirenzeScandicci = new google.maps.LatLng(43.778206,11.16125);
var Calenzano = new google.maps.LatLng(43.852061,11.173414); //
var BarberinoDelMugello = new google.maps.LatLng(43.983999,11.21116); // Barberino
Mugello
var Roncobilaccio = new google.maps.LatLng(44.117046,11.231502); // Roncobilaccio
var PianDelVoglio = new google.maps.LatLng(44.155817,11.20559);// Pian del Voglio
var Rioveggio = new google.maps.LatLng(44.275682,11.201296); // Rioveggio BO
var SassoMarconi = new google.maps.LatLng(44.36591,11.258623); // Sasso Marconi BO
var BolognaCasalecchio = new google.maps.LatLng(44.484206,11.259397);// Casalecchio del
Reno BO

var A1FiBo = [ FirenzeScandicci, Calenzano, BarberinoDelMugello, Roncobilaccio,
PianDelVoglio, Rioveggio, SassoMarconi,BolognaCasalecchio];

// nomi caselli per title di marker
var M = ["Firenze Scandicci", "Calenzano", "Barberino del Mugello", "Roncobilaccio", "Pian del
Voglio", "Rioveggio", "Sasso Marconi","Bologna Casalecchio"]
cM = 0;

 // Carica visualization API e il pacchetto piechart
 google.load("visualization", "1", {packages: ["columnchart"]});
```

```
// inizializza la mappa
function initialize() {
var OpzioniMappa = {
zoom: 9,
center: Roncobilaccio,
mapTypeId: google.maps.MapTypeId.TERRAIN
}

map = new google.maps.Map(document.getElementById("Map_Canvas"), OpzioniMappa);
```

```
// Disegna il grafico con i dati altimetrici
TabellaConAltimetrie = new
google.visualization.ColumnChart(document.getElementById('GraficoAltimetria'));
elevationService = new google.maps.ElevationService(); // API di Google Elevation
directionsService = new google.maps.DirectionsService();
google.visualization.events.addListener(TabellaConAltimetrie, 'onmouseover', function(e) {
if (mousemarker == null) {
mousemarker = new google.maps.Marker({
position: elevations[e.row].location,
map: map,
icon: "MarkerVerde.png"
});
}
else { mousemarker.setPosition(elevations[e.row].location); } // marker mobile
});

var bounds = new google.maps.LatLngBounds();
for (var i = 0; i < A1FiBo.length; i++) {

/* marker per i caselli */
var marker = new google.maps.Marker({position: A1FiBo[i],
map: map,
title: M[cM],
icon: 'Marker-staffa.png'
})
cM++;
markers.push(marker);
bounds.extend(A1FiBo[i]);
}
map.fitBounds(bounds);
CalcolaPercorso();
}

// Prende un array oggetti ElevationResult, richiama percorso su mappa, traccia profilo
ColumnChart
function plotElevation(results) {
elevations = results;
var Tratto = [];
for (var i = 0; i < results.length; i++) {
Tratto.push(elevations[i].location);
}

/* tracciato autostradale */
polyline = new google.maps.Polyline({
path: Tratto,
strokeColor: "#FF0000",
map: map});
```

```
/* grafico altimetrie */
var data = new google.visualization.DataTable();
data.addColumn('string', 'Sample');
data.addColumn('number', 'Elevation');
for (var i = 0; i < results.length; i++) {
data.addRow(['', elevations[i].elevation]);
}
document.getElementById('GraficoAltimetria').style.display = 'block';
TabellaConAltimetrie.draw(data, {
width: 640,
height: 200,
legend: 'none',
titleY: 'Elevation (m)',
focusBorderColor: '#00FF00'
});
}

// Richiesta con indicazioni per il percorso, tra i punti, altimetria
function CalcolaPercorso() {
var Partenza = markers[0].getPosition();
var Arrivo = markers[markers.length - 1].getPosition();
var CaselloA1 = [];
for (var i = 1; i < markers.length - 1; i++) {
CaselloA1.push({
location: markers[i].getPosition(),
stopover: true
});
}
var request = {
origin: Partenza,
destination: Arrivo,
waypoints: CaselloA1
};
```

```
request.travelMode = google.maps.DirectionsTravelMode.DRIVING;
directionsService.route(request, function(response, status) {
if (status == google.maps.DirectionsStatus.OK) {
elevationService.getElevationAlongPath({
path: response.routes[0].overview_path,
samples: 256 // Quantità punti rilevati lungo il percorso
}, plotElevation);
} else if (status == google.maps.DirectionsStatus.ZERO_RESULTS) {
alert("Could not find a route between these points");
} else {
alert("Directions request failed");
}});}
</script>
</head>
<body onLoad="initialize()">
<div id="Map_Canvas"></div>
Scorrere il mouse sul profilo altimetrico per avere la posizione sulla mappa<br>
click per leggere l'altezza del punto
<div id="GraficoAltimetria"></div>
</body>
</html>
```

Street View

Google Street View fornisce viste panoramiche con immagini fotografiche a 360 gradi di strade piazze ecc. La copertura geografica di Street View è la stessa dell'applicazione Google Maps. L'elenco delle città dove il servizio Street View è disponibile, può essere consultata presso il Centro assistenza di Google Maps .
Le API di Google Maps permettono di accedere e navigare fra le immagini di Google Maps Street View.

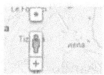

Il controllo Pagman

Street View è abilitato sulle mappe per impostazione predefinita, ed è possibile passare a questa visualizzazione per mezzo del controllo Pegman.
Di solito Street View viene impiegato insieme alle mappe, passando da una delle visualizzazioni consentite (ROADMAP, SATELLITE, HYBRID, TERRAIN) ad una visione fotografica per un punto a piacere della mappa, ma non è l'unico modo.

Impostando i controlli della mappa da programmazione, Pegman può essere collocato in vari punti della mappa o reso non visibile.
Usare Pegman è semplice e intuitivo, occorre farci click sopra col pulsante sinistro del mouse e senza rilasciare, trascinarlo sulla mappa.
Per quel punto saranno presentate le immagini fotografiche di StreetView.

Street View Panorami

Altra possibilità per creare il proprio oggetto StreetView senza mostrare Pegman è far vedere un pulsante sulla mappa, al click su questo passare alla vista Street View e viceversa. In questo caso è di solito fatto vedere un luogo con punti d'interesse stabiliti dal programmatore.

esempio-028-StreetView-con-pulsante i cui punti salienti sono:

```
<input type="button" value="Cambia vista" onclick="CambiaVista();"></input>
// imposta panorama con le opzioni predefinite
panorama = map.getStreetView();
panorama.setPosition(CentroMappa_PiazzaSignoria);
panorama.setPov((({
heading: 265,
pitch: 0
})));}
function CambiaVista() {
var toggle = panorama.getVisible();
if (toggle == false) {
panorama.setVisible(true);
} else {panorama.setVisible(false);}
}
```

Street View senza mappa

Sebbene Street View sia stato pensato per essere utilizzato in combinazione con mappe, questo tipo di utilizzo non è obbligatorio. Street View può essere impiegato anche da solo, cioè senza una mappa Google "classica". In questo caso StreetViewPanorama è usato all'interno di un contenitore DIV in modo analogo al contenitore DIV di una mappa google. Trattandosi d'immagini fotografiche, per il DIV contenitore Google consiglia di non scendere sotto le dimensioni di 200 x 200 pixel.

Punti di visualizzazione

Con StreetViewPanorama è consentito impostare la posizione di visualizzazione usando StreetViewOptions.
Si può chiamare setPosition () e setPov () per cambiare la posizione e quindi il punto di vista.
In Street View la posizione definisce il punto della messa a fuoco di un'immagine, ma non definisce l'orientamento della fotocamera.
A tal fine l'oggetto StreetViewPov ha due proprietà:

- heading (default 0), definisce l'angolo di rotazione della fotocamera espresso in gradi relativi, dal nord vero.
  Per vero nord è inteso il polo nord geografico, denominato anche polo nord terrestre.
  Si tratta del punto situato a nord in cui l'asse di rotazione del globo interseca la superficie terrestre.
  Le misurazioni sono in gradi in senso orario.

- pitch (default 0), definisce la varianza dell'angolo "in alto" o "in basso" dal terreno di solito considerato pianeggiante orizzontale.
  Esistono delle eccezioni, per es. un'immagine scattata su una collina potrebbe disporre di un campo non orizzontale.
  L'inclinazione degli angoli è calcolata con valori positivi fino a +90 gradi verso l'alto e valori negativi fino a -90 gradi verso il basso.

Nell'esempio seguente è creata un'immagine StreetView di Piazza Signoria in Firenze.
L'immagine non è legata ad una mappa "classica". Con due pulsanti è possibile variare l'angolo di rotazione intorno al focus (heading) ed in alto e basso l'angolo relativo al terreno (pitch).
Il valore corrente è di volta in volta mostrato a video.

esempio-029-Punti-visualizzazione-heading-e-pitch i cui punti salienti sono:

var panoramaOptions = {
position: PiazzaSignoria,
pov: {
heading: Posizione_heading,
pitch: Posizione_pitch
}};

L' **esempio-029bis-mappa-doppia-heading-e-pitch**, Pegman ruota in funzione del valore heading

Le sovrapposizioni in Street View (Overlays)

Per impostazione predefinita l'oggetto StreetViewPanorama supporta la sovrapposizioni delle mappe.
Ad es. i marker appariranno ancorati al piano orizzontale all'interno del panorama Street View. Queste sovrapposizioni compaiono generalmente a "livello stradale" nei punti Lat./Long. imposti alla mappa. Le sovrapposizioni supportate sono: Marker, InfoWindow e Overlay personalizzati.

Controlli Street View

Nella visualizzazione StreetViewPanorama per impostazione predefinita sono presenti dei controlli.
Questi controlli possono essere disabilitati impostando i valori appropriati (true o false).
Essi sono:

- panControl, permette di ruotare il panorama.
  Il comando è visualizzato per impostazione predefinita come una bussola.
  Si può modificare la posizione del controllo all'interno del campo panControlOptions.
- zoomControl, permette di modificare il livello di zoom all'interno dell'immagine.
  Il controllo è visualizzato per impostazione predefinita.
  Per modificarne l'aspetto è necessario agire su ZoomControlOptions.
- addressControl, fornisce una sovrapposizione che indica l'indirizzo della relativa posizione.
  Per modificare l'aspetto del controllo occorre agire su addressControlOptions (comando testuale)
- linksControl fornisce le frecce sull'immagine per muoversi nel percorso.

Il seguente **esempio-030-Controlli-street-view** altera i comandi visualizzati all'interno di Street View:

```
// Costruisce l'oggetto
var panoramaOptions = {
position: PiazzaleMichelangelo,
pov: {
heading: 20, // angolo di rotazione orizzontale della fotocamera
pitch: 10 // angolo di rotazione verticale
},
// addressControl: false, // se false nasconde l'indirizzo dell'immagine
addressControlOptions: { // posizione sulla foto del testo dell'indirizzo dell'immagine
 position: google.maps.ControlPosition.TOP_CENTER
},
linksControl: true, // fornisce le frecce sull'immagine per muoversi nel percorso
// panControl: false, // se false nasconde il controllo che permette di ruotare l'immagine
panControlOptions:{position: google.maps.ControlPosition.RIGHT_TOP}, // posizione del controllo
zoomControlOptions: {
style: google.maps.ZoomControlStyle.BIG, // dimensione del controllo
position: google.maps.ControlPosition.LEFT_BOTTOM // posizione del controllo
},
enableCloseButton: false // pulsante chiusura StreetView e torna  alla mappa (in questo contesto non serve)
};
var panorama = new google.maps.StreetViewPanorama(
document.getElementById('FotoStreetView'), panoramaOptions);
}
```

Eventi Street View

Durante la navigazione alcuni eventi indicano le modifiche allo stato di StreetViewPanorama, questi sono:

- pano_changed, attivato per ogni modifiche a ID pano.

  var pano = new google.maps.StreetViewPanorama(<element>, panoramaOptions);

  google.maps.event.addListener(pano, 'pano_changed', function() {

  // esegue del codice per qualche azione

  });

  Questo evento non garantisce che tutti i dati associati nel panorama (come ad esempio i link) siano cambiati. ID pano che può essere utilizzato per fare riferimento al panorama corrente, è stabile solo nella sessione in corso del browser.

- position_changed, attivato ogni volta che la posizione (Latitudine/Longitudine) del panorama cambia.

  google.maps.event.addListener(panorama, 'position_changed', function() {

  var newPos = pano.getPosition();

  });

  La rotazione non innescherà questo evento.

  Esiste la possibilità di modificare la posizione di un panorama senza modificare l'ID pano associato, perché l'API associa automaticamente l'ID pano più vicino alla posizione del panorama.

- pov_changed, attivato ogni volta che Street View StreetViewPov cambia.

  google.maps.event.addListener(pano, 'pov_changed', function() {

  var newPoV = panorama.getPov();

  });

  L'evento si può attivare anche se la posizione e ID pano rimangono stabili.

- links_changed attivato ogni volta che i collegamenti di Street View cambiano.

  google.maps.event.addListener(pano, 'links_changed', function() {

  var links = pano.getLinks();

  for (var i in links) {

  // legge il nuovo link o esegue del codice per qualche azione

  }});

  Questo evento può attivarsi in modo asincrono dopo un cambiamento di ID pano tramite pano_changed.

- visible_changed, attivato ogni volta di Street View modifica la visualizzazione.

  Può attivarsi in modo asincrono dopo un cambiamento di ID pano tramite pano_changed.

Il codice seguente illustra come questi eventi possono essere gestiti:

esempio-032-Eventi-Strret-View

```
<!DOCTYPE html>
<html>
<head>
<title>esempio-032-Eventi-Strret-View</title>
<style type="text/css">#FotoStreetView{width:640px; height:480px;}</style>
<script type="text/javascript"
src="http://maps.google.com/maps/api/js?sensor=false&language=it"></script>
<script>
function initialize() {
var panoramaOptions = {
position: new google.maps.LatLng(43.762408,11.264698),
pov: {
heading: 20,
pitch: 10
},
visible: true
};
var panorama = new
google.maps.StreetViewPanorama(document.getElementById('FotoStreetView'),
panoramaOptions);
google.maps.event.addListener(panorama, 'pano_changed', function() {
var panoCell = document.getElementById('pano_cell');
document.getElementById('PanoID').innerHTML="ID Pano = "+panorama.getPano();
});
google.maps.event.addListener(panorama, 'links_changed', function() {
var linksTable = document.getElementById('links_table');
var links = panorama.getLinks();
var L = "";
for (var i in links) {
L = L + "<br>" + links[i].description;
}
document.getElementById('LinkCorrente').innerHTML="Link corrente = " + L;
});
google.maps.event.addListener(panorama, 'position_changed', function() {
var positionCell = document.getElementById('position_cell');
document.getElementById('Posizione').innerHTML="Posizione = "+panorama.getPosition();
});
google.maps.event.addListener(panorama, 'pov_changed', function() {
var headingCell = document.getElementById('heading_cell');
document.getElementById('POVHeading').innerHTML="POVHeading = "+panorama.getPov().heading ;
var pitchCell = document.getElementById('pitch_cell');
document.getElementById('POVPitch').innerHTML="POVPitch = "+panorama.getPov().pitch ;
});
```

```
}
</script>
</head>
<body onLoad="initialize()">
<div id="FotoStreetView"></div>
<div id="Posizione"></div>
<div id="POVHeading">POVHeading = 20</div>
<div id="POVPitch">POVPitch = 0.0</div>
<div id="PanoID"></div>
<div id="LinkCorrente"></div>
</body>
</html>
```

Accesso a Street View da programmazione

Usando StreetViewService a livello di programmazione si accedere al servizio Street View di Google.

Richieste dei servizi Street View

L'accesso al servizio Street View è asincrono, in quanto le API di Google Maps hanno necessità di fare una chiamata a un server esterno.

Per questo motivo è necessario passare un metodo di callback da eseguire al termine della richiesta, e elaborarne poi il risultato

I tipi di richieste da inviare a StreetViewService sono due:

- getPanoramaById (), restituisce i dati con un ID di riferimento che identifica univocamente il panorama. Questo ID di riferimento è valido solo nella sessione corrente del browser.
- getPanoramaByLocation (), punto di riferimento per una determinata zona espresso in Latitudie/Longitudine e il raggio da quel punto espresso in metri.
  Se il raggio è inferiore a 51 metri, il panorama restituito sarà il più vicino possibile alla posizione.

Risposte del servizio Street View

Sia getPanoramaByLocation () che getPanoramaById () hanno una funzione di callback da eseguire subito dopo il ricevimento del risultato.

Questa funzione restituisce un set di dati all'interno di un oggetto StreetViewPanoramaData e un codice StreetViewStatus che denota lo stato della risposta.

L'oggetto StreetViewPanoramaData contiene i meta-dati nella forma seguente:

```
{
"location": {
"latLng": LatLng,
"description": string,
"pano": string
},
"copyright": string,
"links": [{
"heading": number,
"description": string,
"pano": string,
"roadColor": string,
"roadOpacity": number
}],
"tiles": {
"worldSize": Size,
"tileSize": Size,
"centerHeading": number
}
}
```

Questi dati non sono l'oggetto StreetViewPanorama ma servono per crearlo.

Per creare l'oggetto Street View con questi dati, è necessario creare un StreetViewPanorama e chiamare setPano (),passando l'ID indicato nel campo location.pano restituito.

Lo status (il codice di stato) può restituire uno dei seguenti valori:

- OK indica che il servizio ha trovato un panorama di corrispondenza.
- ZERO_RESULTS indica che il servizio non poteva trovare un panorama di corrispondenza con i criteri passati.
- UNKNOWN_ERROR indica che una richiesta di Street View non poteva essere elaborata, ma la ragione esatta non è nota.

Il codice seguente **esempio-033-Accedere-direttamente-ai-dati-StreetView** crea uno StreetViewService che risponde ai clic dell'utente su una mappa.
La risposta consiste nella creazione di marker nel punto cliccato e mostrare uno StreetViewPanorama per tale posizione.

```html
<!DOCTYPE html>
<html>
 <head>
<title>esempio-033-Accedere-direttamente-ai-dati-StreetView</title>

<style type="text/css">
#Map_Canvas{width:640px; height:480px;float:left;}
#FotoStreetView{width:640px; height:480px;float:left;}
</style>

<script type="text/javascript"
src="http://maps.google.com/maps/api/js?sensor=false&language=it"></script>

<script>
var map;
var ServizioSW = new google.maps.StreetViewService();
var panorama;
function initialize() {

// Costruisce la mappa
var mapOptions = {
center: new google.maps.LatLng(43.769661,11.255491),
zoom: 17,
streetViewControl: false // disabilita Pegman sulla mappa
};
map = new google.maps.Map(document.getElementById('Map_Canvas'),mapOptions);

panorama = new
google.maps.StreetViewPanorama(document.getElementById('FotoStreetView'));
 // restituirà il più vicino pano quando il raggio è inferiore a 51 metri
google.maps.event.addListener(map, 'click', function(event) {
ServizioSW.getPanoramaByLocation(event.latLng, 50, ElaboroDati);
});}

function ElaboroDati(data, status) {
if (status == google.maps.StreetViewStatus.OK) {
var marker = new google.maps.Marker({
position: data.location.latLng,
map: map,
title: data.location.description
});
panorama.setPano(data.location.pano);
```

```
panorama.setPov({
heading: 270, //rotazione orizzontale della fotocamera
pitch: 0 //rotazione verticale
});
panorama.setVisible(true);
}
else {alert('Non ci sono immagini per questa posizione');}
}
</script>
</head>
<body onLoad="initialize()">
<div id="Map_Canvas"></div>
<div id="FotoStreetView"></div>
</body>
</html>
```

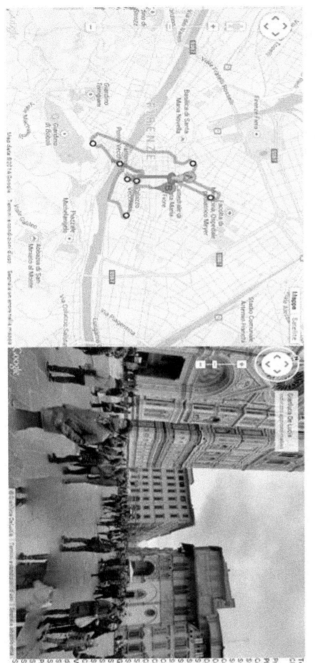

esempio-34-percorso-turistico-con-tappe-su-mappa-e-StreetView

Quello che segue è un esempio (scaricabile) di un percorso turistico nel centro di Firenze.

Mappa con percorso grafico e testuale con vista StreetView che cambia al click sul percorso testuale.

Esempio facilmente adattabile a qualsiasi altra città.

Appendici

Eventi

Il linguaggio JavaScript all'interno dei browser è event driven ed è provvisto del codice per ascoltare gli eventi.
Gli eventi sono di due tipi, Eventi utente ed Eventi di modifica di stato.

Eventi utente

Questi eventi, ad esempio "click" eventi del mouse, sono propagate dal DOM alle API di Google Maps.
Questi eventi sono separati e distinti da eventi DOM standard.
Le API di Google Maps consentono di gestire eventi sugli oggetti che fanno parte del servizio, marker, infowindow e overlay in genere.
Per gestire questi eventi è utilizzato il metodo:
google.maps.event.addListener(sorgente, evento, ascoltatore);
dove

- sorgente, è l'oggetto (mappe, marker, infowindow e overlay in genere) su cui viene generato l'evento
- evento, è una stringa che indica il nome dell'evento, ad es ' dragend ', (la mappa viene spostata trascindola con il mouse).
- ascoltatore, è una funzione che viene eseguita al verificarsi dell'evento.

Quando l'evento è generato dal mouse (click, mouseenter, mouseup, ecc.) ha un parametro dal quale è possibile leggere le coordinate del mouse.

Eventi di modifica di stato

Ogni volta che la struttura di un oggetto cambia, avviene la generazione di un evento.
Un esempio è il cambiamento del livello di zoom attivando l'evento zoom_changed .
È possibile intercettare anche questi cambiamenti con addListener().
Questi eventi sono simili agli eventi utente, ma non hanno argomenti all'interno della loro manifestazione. E' possibile leggere i cambiamenti delle proprietà chiamando get Property.

Codici d'esempio

Inizializzazione

```
google.maps.event.addDomListener(window, 'load', initialize);
può essere usato al posto di
<body onLoad="initialize()">
inserendolo all'interno dei tag script di javascript
<script>
function initialize() {............ creazione della mappa ...........}
google.maps.event.addDomListener(window, 'load', initialize);
</script>
```

Apertura di una infowindow al clik su di un marker

```
google.maps.event.addListener(marker,'click',function()
{infowindow.open(mappa,marker);});
```

Al click su di un marker, centra la mappa in quel punto

```
google.maps.event.addListener (LL_Marker, 'click', function () {
map.setCenter (LL_Marker.getPosition ()); // legge posizione del marker
infowindow.setContent (contentStringRdr); // centra la mappa in quella posizione
infowindow.open (mappa, LL_Marker);  // apre una infowindow
});
```

Cambio livello zoom e rigenerazioen mappa

Cambiando il livello zoom della mappa, l'area della mappa preesistente viene evidenziata disegnando un rettangolo con trasparenza della stessa misura.

```
var rect = new google.maps.Rectangle();
google.maps.event.addListener(map, 'zoom_changed', function() {
var rectOptions = {strokeColor: "#0000FF",
strokeOpacity: 0.7,
strokeWeight: 1,
fillColor: "#00FF00",
fillOpacity: 0.1,
map: map,bounds:
map.getBounds()};
rect.setOptions(rectOptions);
});
```

Trascinando la mappa è possibile vedere i margini del livello di zoom precedente.

Marker al click con ricentraggio

Al click su mappa, inserisce un marker in quel punto centrandoci la mappa.

```
google.maps.event.addListener(map, 'click', function(e) {
placeMarker(e.latLng, map); });
}
function placeMarker(position, map) {
var marker = new google.maps.Marker({
position: position,
 map: map
});
map.panTo(position);
```

Elencazione eventi

Quella che segue è una libera traduzione del documento ufficiale Google Maps Javascript API V3 Reference della parte riguardante gli eventi.
Il documento (in lingua inglese) è consultabile a questo indirizo:
https://developers.google.com/maps/documentation/javascript/reference
Fare riferimento a questo documento per qualsiasi incertezza o approfondimento.

google.maps.Map class

Eventi	Argomenti	Descrizione
bounds_changed	None	generato quando sono cambiati i limiti del riquadro di visualizzazione.
center_changed	None	generato quando cambia il centro della mappa.
click	MouseEvent	è stato fatto click sulla mappa con il pulsante sinistro del mouse (ma non quando su un marker o infowindow).
dblclick	MouseEvent	è stato fatto doppio click sulla mappa con il pulsante sinistro del mouse (ma non su un marcatore o infowindow).
drag	None	si verifica ripetutamente mentre l'utente trascina una mappa.
dragend	None	generato quando l'utente smette di trascinare una mappa.
dragstart	None	generato quando l'utente inizia a trascinare una mappa.
heading_changed	None	generato quando la proprietà titolo della mappa cambia.
idle	None	generato quando la mappa diventa inattiva dopo la panoramica o lo zoom.
maptypeid_changed	None	generato quando cambia la proprietà di mapTypeId. (ROADMAP,SATELLITE,HYBRID,TERRAIN)
mousemove	MouseEvent	generato ogni volta il mouse passa sopra il contenitore di mappa.
mouseout	MouseEvent	generato quando il mouse dell'utente esce dal contenitore di mappa.
mouseover	MouseEvent	generato quando il mouse dell'utente entra nel contenitore il mappa.
projection_changed	None	generato quando viene modificata la proiezione della mappa.
resize	None	generato quando il div contenitore della mappa cambia dimensione: google.maps.event.trigger(map, 'resize')
rightclick	MouseEvent	generato al click del pulsante destro del mouse sul contenitore di mappa.
tilesloaded	None	generato quando le parte visibile ha terminato il caricamento.
tilt_changed	None	generato quando cambia la proprietà di inclinazione della mappa.
zoom_changed	None	generato quando cambia il livello di zoom della mappa.

google.maps.Marker class

Eventi	Argomenti	Descrizione
animation_changed	None	generato quando cambia la proprietà di animation del marker.
click	MouseEvent	è stato fatto click sul marker con il pulsante sinistro del mouse.
clickable_changed	None	generato quando cambia proprietà del marker come sensibile al click.
cursor_changed	None	generato quando viene modificata la proprietà cursor del marker.
dblclick	MouseEvent	è stato fatto doppio click sul marker con il pulsante sinistro del mouse.
drag	MouseEvent	si verifica ripetutamente mentre l'utente trascina un marker.
dragend	MouseEvent	generato quando l'utente smette di trascinare un marker.
draggable_changed	None	generato quando cambia proprietà draggable del marker.
dragstart	MouseEvent	generato quando l'utente inizia a trascinare un marker.
flat_changed	None	generato quando cambia proprietà flat del marker.
icon_changed	None	generato quando cambia la proprietà icon marker.
mousedown	MouseEvent	generato quando un utente preme un pulsante del mouse sul marker.
mouseout	MouseEvent	generato quando il mouse dell'utente esce dell'icona del marker.
mouseover	MouseEvent	generato quando il mouse dell'utente entra nella zona dell'icona del marker.
mouseup	MouseEvent	generato quando il mouse è su un marker e l'utente rilascia un pulsante.
position_changed	None	generato quando cambia la proprietà position del marker.
rightclick	MouseEvent	generato al click del pulsante destro del mouse sul marker.
shadow_changed	None	generato quando cambia proprietà shadow (ombra) delmarker.
shape_changed	None	generato quando cambia proprietà shape del marker.
title_changed	None	generato quando cambia la proprietà title del marker.
visible_changed	None	generato quando cambia la proprietà visible del marker
zindex_changed	None	generato quando cambia proprietà zIndex del marker.

google.maps.Marker class

google.maps.InfoWindow class

Eventi	Argomenti	Descrizione
closeclick	None	generato quando è stato fatto clic sul pulsante Chiudi della infowindow.
content_changed	None	generato quando cambia contenuto.
domready	None	generato quando il \<div\>che racchiude i contenuti di InfoWindow sono nel DOM. È possibile monitorare questo evento durante la costruzione del contenuto in modo dinamico.
position_changed	None	generato quando cambia la proprietà position.
zindex_changed	None	generato quando cambia zIndex di InfoWindow.

google.maps.Polyline class

Eventi	Argomenti	Descrizione
click	PolyMouseEvent	è stato fatto click sulla Polyline con il pulsante sinistro del mouse.
dblclick	PolyMouseEvent	è stato doppio fatto click sulla Polyline con il pulsante sinistro del mouse.
mousedown	PolyMouseEvent	generato quando un utente preme un pulsante del mouse su di una Polyline.
mousemove	PolyMouseEvent	generato ogni volta il mouse passa sopra il Polyline.
mouseout	PolyMouseEvent	generato quando il mouse esce dalla sovrapposizione su di una Polyline.
mouseover	PolyMouseEvent	Generato quando il mouse è sopra una una Polyline.
mouseup	PolyMouseEvent	generato quando il mouse è su un Polyline e l'utente rilascia un pulsante.
rightclick	PolyMouseEvent	generato al click del pulsante destro del mouse su Polyline.

google.maps.Polygon class

Eventi	Argomenti	Descrizione
click	PolyMouseEvent	è stato fatto click sul Polygon con il pulsante sinistro del mouse.
dblclick	PolyMouseEvent	è stato fatto doppio click sul Polygon con il pulsante sinistro del mouse.
mousedown	PolyMouseEvent	generato quando un utente preme un pulsante del mouse sul.Polygon.
mousemove	PolyMouseEvent	generato ogni volta il mouse passa sopra il Polygon..
mouseout	PolyMouseEvent	generato quando il mouse dell'utente esce da un Polygon.
mouseover	PolyMouseEvent	generato quando il mouse dell'utente entra nella zona dell'icona Polygon.

Eventi	Argomenti	Descrizione
mouseup	PolyMouseEvent	generato quando il mouse è su un Polygon e l'utente rilascia un pulsante.
rightclick	PolyMouseEvent	generato al click del pulsante destro del mouse sul Polygon.

google.maps.Rectangle class

Eventi	Argomenti	Descrizione
bounds_changed	None	generato quando limiti del rettangolo vengono modificati..
click	MouseEvent	è stato fatto click sul Rectangle con il pulsante sinistro del mouse.
dblclick	MouseEvent	è stato fatto doppio click sul Rectangle con il pulsante sinistro del mouse.
mousedown	MouseEvent	generato quando un utente preme un pulsante del mouse su di un rectangle.
mousemove	MouseEvent	generato ogni volta il mouse passa sopra il rectangle.
mouseout	MouseEvent	generato quando il mouse dell'utente esce da un rectangle.
mouseover	MouseEvent	generato quando il mouse dell'utente entra nella zona dell'icona rectangle.
mouseup	MouseEvent	generato quando il mouse è su un rectangle e l'utente rilascia un pulsante.
rightclick	MouseEvent	generato al click del pulsante destro del mouse sul rectangle.

google.maps.Circle class

Eventi	Argomenti	Descrizione
center_changed	None	Generato quando cambia il centro di un cerchio.
click	MouseEvent	è stato fatto click sul Circle con il pulsante sinistro del mouse.
dblclick	MouseEvent	è stato fatto doppio click sul Circle con il pulsante sinistro del mouse.
mousedown	MouseEvent	generato quando un utente preme un pulsante del mouse su di un circle.
mousemove	MouseEvent	generato ogni volta il mouse passa sopra il circle.
mouseout	MouseEvent	generato quando il mouse dell'utente esce da un circle.
mouseover	MouseEvent	generato quando il mouse dell'utente entra nella zona dell'icona delmarker.circle.
mouseup	MouseEvent	generato quando il mouse è su un circle e l'utente rilascia un pulsante.
radius_changed	None	generato quando il raggio del circle è cambiato.
rightclick	MouseEvent	generato al click del pulsante destro del mouse sul circle.

google.maps.GroundOverlay class

Eventi	Argomenti	Descrizione
click	MouseEvent	è stato fatto click sul GroundOverlay con il pulsante sinistro del mouse .
dblclick	MouseEvent	è stato fatto doppio click sul GroundOverlay con il pulsante sinistro del mouse .

google.maps.DirectionsRenderer class

Eventi	Argomenti	Descrizione
directions_changed	None	generato quando le direzioni rese cambiano. (quando un nuovo DirectionsResult è impostato o quando l'utente trascina in marker determinando un nuovo percorso.

google.maps.ImageMapType class

Eventi	Argomenti	Descrizione
tilesloaded	None	generato quando la parte visibile ha terminato il caricamento.

google.maps.FusionTablesLayer class

Eventi	Argomenti	Descrizione
click	FusionTablesMouseEvent	è stato fatto click su un elemento nei livelli con il pulsante sinistro del mouse.

google.maps.KmlLayer class

Eventi	Argomenti	Descrizione
click	KmlMouseEvent	è stato fatto click su un elemento nei livelli con il pulsante sinistro del mouse.
defaultviewport_changed	None	generato quando lo strato KML predefinito di visualizzazione è cambiato.
status_changed	None	generato quando lo strato KML ha terminato il caricamento.

google.maps.StreetViewPanorama class

Eventi	Argomenti	Descrizione

Eventi	Argomenti	Descrizione
closeclick	Event	generato quando si fa clic sul pulsante di chiusura.
links_changed	None	generato quando i collegamenti panorama cambiano; i collegamenti cambiano in modo asincrono in seguito a pano id change.
pano_changed	None	generato quando panorama pano id cambia. (quando l'utente naviga con panorama o la posizione viene impostata manualmente), non tutti i cambiamenti di posizione innescano pano_changed..
position_changed	None	generato quando la posizione panorama cambia. La posizione può cambiare quando l'utente. naviga attraverso il panorama o la posizione viene impostata manualmente.
pov_changed	None	generato quando cambia il punto di vista(es. zoom, o cambiamenti di direzione).
resize	None	generato quando il div cambia dimensione: google.maps.event.trigger (panorama, 'resize').
visible_changed	None	generato quando la visibilità del panorama cambia, la visibilità è cambiata quando l'id Pegman è trascinato sulla sulla mappa, il pulsante di chiusura viene cliccato, o setVisible () viene chiamato.
zoom_changed	None	generato quando cambia il livello di zoom.

google.maps.MVCArray class

Eventi	Argomenti	Descrizione
insert_at	number	generato quando InsertAt () viene chiamato, l'evento passa l'indice che è stato passato a InsertAt ().
remove_at	number	generato quando RemoveAt () viene chiamato. L'evento passa l'indice che è stato passato a RemoveAt () e l'elemento che è stato rimosso dalla matrice.
set_at	number	generato quando SetAt () viene chiamato. L'evento passa l'indice che è stato passato a SetAt () e l'elemento che in precedenza era nella matrice a tale indice.

google.maps.panoramio.PanoramioLayer class

Eventi	Argomenti	Descrizione
click	PanoramioMouseEvent	è stato fatto click su un elemento nel livello con il pulsante sinistro del mouse.

google.maps.places.Autocomplete class

Eventi	Argomenti	Descrizione
place_changed	None	generato quando un PlaceResult è reso disponibile per un place che l'utente ha selezionato.

google.maps.places.SearchBox class

Eventi	Argomenti	Descrizione
places_changed	None	generato quando l'utente seleziona una query, getPlaces dovrebbero essere utilizzati per ottenere nuovi place.

google.maps.drawing.DrawingManager class

Eventi	Argomenti	Descrizione
circlecomplete	Circle	generato quando l'utente ha finito di disegnare un circle..
markercomplete	Marker	generato quando l'utente ha finito di disegnare un marker.
overlaycomplete	OverlayCompleteEvent	generato quando l'utente ha finito di disegnare una sovrapposizione di qualsiasi tipo.
polygoncomplete	Polygon	generato quando l'utente ha finito di disegnare un polygon.
polylinecomplete	Polyline	generato quando l'utente ha finito di disegnare un polyline.
rectanglecomplete	Rectangle	generato quando l'utente ha finito di disegnare un rectangle.

google.maps.weather.WeatherLayer class

Eventi	Argomenti	Descrizione
click	WeatherMouseEvent	è stato fatto click su un elemento nel livello con il pulsante sinistro del mouse

google.maps.visualization.MapsEngineLayer class

Eventi	Argomenti	Descrizione
click	MapsEngineMouseEvent	generato quando si fa clic su un elemento nel livello
properties_changed	None	generato quando il livello è stato caricato, e le proprietà del livello sono disponibili per la lettura.
status_changed	None	generato quando il livello è stato caricato e determinato se l'operazione è andata a buon fine.

Cos'è l'estensione dei file

Negli anni '80 del secolo scorso, la memoria dei PC era alquanto limitata e i nomi dei file potevano avere al massimo 8 caratteri più un suffisso di 3. (es. NomeFile.txt)

Il termine italiano estensione è frutto di una cattiva traduzione dell'inglese "extension", che in questa lingua significa suffisso.

Al tempo, scopo principale dell'utilizzo delle estensioni fu quello di permettere una facile individuazione del tipo di contenuto dei file, ad es. testo, grafica, esecutivi, di sistema ecc.

L'estensione di un file è un metodo tutt' ora utilizzato, permettendo al sistema operativo di distinguere il tipo di contenuto (pagina web, testo, musica, immagine ecc.) e di aprirlo con l'applicazione in grado di farlo.

Sebbene questo metodo sia ancora in auge, i parametri d'utilizzo sono cambiati, i nomi dei file possono essere molto più lunghi e l'estensione più lunga di 3 caratteri.

Nei sistemi operativi Windows XP, Vista, 7, 8 l'estensione può essere nascosta mostrando solo il nome del file.

Gli utenti, per capire il tipo di file al quale sono di fronte dovrebbero affidarsi solo all'icona associata ai file stessi e il tipo d'icona può non essere di facile individuazione

Questo sistema può esporre anche a rischi e portare perfino ad aprire file virtualmente dannosi per il computer.

Per visualizzare sempre l'estensione dei file utilizzare questo metodo:

Lanciare Risorse del computer, dal menù della finestra:

- XP: Documenti > Strumenti > Opzioni Cartella > Visualizzazione
  Finestra > Impostazioni Avanzate >

- Windows Vista/Win 7: Organizza > Opzioni cartella e ricerca > visualizzazione >

- Win 8: Documenti/Qualsiasi cartella > Visualizza > Opzioni > Modifica opzioni cartelle e ricerca > Visualizzazione >

Verificare che NON sia spuntata la voce:

Nascondi le estensioni per i file più conosciuti.

Poi confermare e chiudere.

Costruire i propri colori web

I colori rappresentano un mezzo efficace per far risaltare e rendere accattivanti le applicazioni. Quando si scelgono i colori per le pagine da visualizzare su display a 256 colori (capacità di visualizzazione più comune), si vorrebbe che i colori fossero percepiti allo stesso modo nei PC con Windows, Mac e Linux e naturalmente sui vari browser. Purtroppo l'elaborazione dei colori è diversa fra i vari sistemi operativi ed anche fra browser diversi dello stesso sistema operativo, financo al tipo di monitor in uso.

Ogni sistema cerca di approssimare le sfumature dei colori con una combinazione di 216 colori accettabili (dithering). Purtroppo, ogni sistema operativo ha un dithering diverso e specie non usando colori pieni (con molte sumature), può accadere che Il risultato non sia quello desiderato.

Come sono definiti i colori

Nei computer colori sono codificati come numeri.

Conoscendo il metodo è possibile "miscelarne" di personalizzati non rimanendo limitati a quelli predefiniti e con un po' di esperienza non incappare nei problemi del dithering.

Codifica dei colori:

Ogni punto/colore che possiamo vedere è creato utilizzando 3 numeri che rappresentano i colori fondamentali Red (Rosso), Green(Verde) e Bleu.

Ognuna delle 3 cifre può avere un valore che va da 0 a 255 in esadecimale da 00 a FF secondo la scala di conversione a fondo pagina.

Come un pittore che su di una tavolozza mescola Rosso, Verde e Bleu in varia quantità ottenendo il colore che desidera, nel computer vengono inseriti i tre valori da 0 a 255 per ognuna delle tre posizioni fondamentali.

Tabella conversione esadecimale - decimale							
FF0000 = Rosso - 00FF00 = Verde - 0000FF = Bleu							
00 - 0	20 - 32	40 -	60 - 96	80 - 128	A0 - 160	C0 - 192	E0 - 224
01 - 1	21 - 33	41 - 65	61 - 97	81 - 129	A1 - 161	C1 - 193	E1 - 225
02 - 2	22 - 34	42 - 66	62 - 98	82 - 130	A2 - 162	C2 - 194	E2 - 226
03 - 3	23 - 35	43 - 67	63 - 99	83 - 131	A3 - 163	C3 - 195	E3 - 227
04 - 4	24 - 36	44 - 68	64 - 100	84 - 132	A4 - 164	C4 - 196	E4 - 228
05 - 5	25 - 37	45 - 69	65 - 101	85 - 133	A5 - 165	C5 - 197	E5 - 229
06 - 6	26 - 38	46 - 70	66 - 102	86 - 134	A6 - 166	C6 - 198	E6 - 230
07 - 7	27 - 39	47 - 71	67 - 103	87 - 135	A7 - 167	C7 - 199	E7 - 231
08 - 8	28 - 40	48 - 72	68 - 104	88 - 136	A8 - 168	C8 - 200	E8 - 232
09 - 9	29 - 41	49 - 73	69 - 105	89 - 137	A9 - 169	C9 - 201	E9 - 233
0A - 10	2A - 42	4A - 74	6A - 106	8A - 138	AA - 170	CA - 202	EA - 234
0B - 11	2B - 43	4B - 75	6B - 107	8B - 139	AB - 171	CB - 203	EB - 235
0C - 12	2C - 44	4C - 76	6C - 108	8C - 140	AC - 172	CC - 204	EC - 236
0D - 13	2D - 45	4D - 77	6D - 109	8D - 141	AD - 173	CD - 205	ED - 237
0E - 14	2E - 46	4E - 78	6E - 110	8E - 142	AE - 174	CE - 206	EE - 238
0F - 15	2F - 47	4F - 79	6F - 111	8F - 143	AF - 175	CF - 207	EF - 239

Codice sorgente descritto nel libro, aggiornamenti e revisioni sono scaricabili all'indirizzo
http://www.taccetti.net/mappe-vs/esempi.php
Il sito ufficiale del progetto Google Maps è:
https://developers.google.com/maps/documentation/javascript/

www.ingramcontent.com/pod-product-compliance
Lightning Source LLC
Chambersburg PA
CBHW080429060326
40689CB00019B/4435